कुक्कुट, अंडा एवं मछली प्रसंस्करण प्रौद्योगिकी

कुक्कुट, अंडा एवं मछली प्रसंस्करण प्रौद्योगिकी

लेखकगणः

डॉ. प्रभात कुमार मंडल

एम.वी.एससी., पी-एच.डी., प्रोफेसर
पशुधन उत्पाद प्रौद्योगिकी विभाग (LPT)
राजीव गांधी पशु चिकित्सा शिक्षा और अनुसंधान संस्थान
कुरुम्बपेट, पांडिचेरी, भारत

डॉ. आशिम कुमार बिश्वास

एम.वी.एससी., पी-एच.डी., प्रधान वैज्ञानिक
पशुधन उत्पाद प्रौद्योगिकी विभाग (LPT)
आईसीएआर– भारतीय पशु चिकित्सा अनुसंधान संस्थान (आईवीआरआई)
इज्जतनगर, बरेली, भारत

डॉ. देवेन्द्र कुमार

एम.वी.एससी., पी-एच.डी., वैज्ञानिक
पशुधन उत्पाद प्रौद्योगिकी विभाग (LPT)
आईसीएआर– भारतीय पशु चिकित्सा अनुसंधान संस्थान (आईवीआरआई)
इज्जतनगर, बरेली, भारत

SSPH

सतीश सीरियल पब्लिशिंग हाउस

403, एक्सप्रेस टॉवर, वाणिज्यिक परिसर, आजादपुर, नई दिल्ली–110033
दूरभाषः 011–27672852 फेक्सः 91–11–27672046
ईमेलः info@satishserial.com, hkjain1975@yahoo.com
वैबसाईटः www.satishserial.com

Published by :

SATISH SERIAL PUBLISHING HOUSE
403, Express Tower, Commercial Complex, Azadpur, Delhi-110033 (INDIA)
Phone : 011-27672852 Fax : 91-11-27672046
E-mail : info@satishserial.com, hkjain1975@yahoo.com

ISBN 978-93-90660-88-9
E-ISBN 978-93-90660-89-6

Composed, Designed & Printed in India

लेखकों का परिचय

डॉ. प्रभात कुमार मंडल का जन्म 1967 में हुआ। डॉ. मंडल ने 1991 में बीसीकेवी, कोलकाता से पशु चिकित्सा विज्ञान और पशुपालन (बी.वी.एससी. एंड ए.एच, B.V.Sc. & A.H.) में स्नातक, 1993, और 1996 में आईवीआरआई से पशुधन उत्पाद प्रौद्योगिकी (LPT), में डटैब और पी-एच.डी. की उपाधि प्राप्त किया। इन्होंने सितंबर 1996 से राजीव गांधी इंस्टीट्यूट ऑफ वेटरनरी एजूकेशन एंड रिसर्च, पांडिचेरी में सहायक प्रोफेसर के रूप में काम किया और मार्च, 2011 से प्रोफेसर के पद पर आसीन हुए। इन्होंने 2008 से 2010 के दौरान सियोल में अतिथि आचार्य के रूप में काम किया। डॉ. मंडल 2009 से इंटरनेशनल जर्नल ऑफ मीट साइंस के मुख्य संपादक हैं। वर्तमान में डॉ. मंडल भारतीय मांस विज्ञान संघ (IMSA) द्वारा प्रकाशित जर्नल ऑफ मीट साइंस और जर्नल ऑफ फूड एंड न्यूट्रिशन रिसर्च के मुख्य संपादक हैं। डॉ. मंडल 25 वर्षों से मांस विज्ञान और प्रौद्योगिकी पर शिक्षण और अनुसंधान में लगे हुए हैं। डॉ. मंडल के पास 200 से अधिक प्रकाशन हैं जिनमें 57 शोध पत्र और 12 पुस्तकें शामिल हैं। वह भारतीय मांस विज्ञान संघ और भारतीय कुक्कुट विज्ञान संघ के अध्येता/फेलो हैं। डॉ. मंडल ने 2020 में IASR से डी.एससी. की उपाधि प्राप्त की।

डॉ. आशिम कुमार बिश्वास का जन्म 1978 में हुआ। डॉ. बिस्वास ने 2000 में वबआफ्स (WBUAFS), कोलकाता से पशु चिकित्सा विज्ञान और पशुपालन (बी.वी.एससी. एंड ए.एच, BVSc & AH) में स्नातक और एम.वी.एससी. (MVSc) (2002) और पीएचडी (LPT) (2005) की उपाधि आईवीआरआई, बरेली से प्राप्त किया। इन्होंने 2005 में स्कास्ट–जम्मू (SKUAST, Jammu) और फिर 2007 में गडवासू (GADVASU), लुधियाना में सहायक प्रोफेसर के रूप में सेवा प्रदान किया है। वह 2012 में भारतीय कृषि अनुसंधान परिषद (आईसीएआर) में वरिष्ठ वैज्ञानिक के रूप में शामिल हुए और 2018 में प्रधान वैज्ञानिक बने। वर्तमान में वे आईवीआरआई के एलपीटी विभाग में प्रधान वैज्ञानिक के रूप में कार्यरत हैं। डॉ. बिस्वास ने मांस विज्ञान, खाद्य सुरक्षा, प्रोटिओम विश्लेषण और स्वास्थ्य उन्मुख मांस उत्पादों के प्रसंस्करण में काम किया है। वह, डीएसटी (DST) द्वारा युवा वैज्ञानिक पुरस्कार, NAAS एसोसिएट अवार्ड और भारतीय कुक्कुट विज्ञान संघ (IPSA), भारत द्वारा अध्येता/फेलो ख्याति प्राप्तकर्ता हैं। वह मांस विज्ञान से संबंधित अंतरराष्ट्रीय ख्याति के तीन वैज्ञानिक पत्रिकाओं में सहयोगी संपादक के रूप में कार्य कर रहे हैं।

डॉ. देवेन्द्र कुमार, का जन्म 1980 में सारण, बिहार में हुआ। इन्होंने 2005 में पशु चिकित्सा और पशु विज्ञान महविद्यालय, खानापारा, गुवाहाटी से पशु चिकित्सा विज्ञान और पशुपालन (बी.वी.एससी. एंड ए.एच) में स्नातक, गोविन्द बल्लभ पंत कृषि एवं प्रौद्योगिक

विश्वविद्यालय, पंतनगर से पशुधन उत्पाद प्रौद्योगिकी (LPT) में एम.वी.एससी. (M.V.Sc.) (2007) और गुरु अंगद देव पशु चिकित्सा और पशु विज्ञान विश्वविद्यालय, लुधियाना से पशुधन उत्पाद प्रौद्योगिकी (LPT) में पी-एच.डी. (Ph.D.) (2016) में की उपाधि प्राप्त किया है। इन्होंने 2009 में भारतीय कृषि अनुसंधान परिषद (आईसीएआर) में वैज्ञानिक के रूप में शामिल हुए और भाकृअनुप–राष्ट्रीय उष्ट्र अनुसंधान केन्द्र, बीकानेर में 2010 से 2019 तक अपनी सेवा प्रदान की और वर्तमान में वे आईवीआरआई के एलपीटी विभाग में वैज्ञानिक के रूप में कार्यरत हैं। डॉ. कुमार ने मांस / दुग्ध विज्ञान, खाद्य सुरक्षा, प्रोटीन / पेप्टाइड और स्वास्थ्य उन्मुख मांस / दुग्ध उत्पादों के प्रसंस्करण में काम किया हैं। डॉ. कुमार ने राष्ट्रीय एवं अंतर्राष्ट्रीय जर्नल्स में कई लेखों का प्रकाशन किया है, जिनमें शोध पत्र, लोकप्रिय लेख, पुस्तक अध्याय और राष्ट्रीय / अंतर्राष्ट्रीय वैज्ञानिक संगोष्ठी और सम्मेलनों में कई शोध पत्र सार शामिल हैं।

प्रस्तावना

आधुनिक समाज और जीवन–शैली में पौष्टिक आहार का बहुत महत्व है और इसकी आवश्यकताओं को पूरा करने के लिए पशु उत्पाद व खाद्य पदार्थों का प्रसंस्करण एक काल्पनिक लक्ष्य है। पशुओं से प्राप्त होने वाले खाद्य पदार्थों में खराब होने की प्रकृति अत्यधिक होती है, इसलिए खाद्य–सुरक्षा, ऊर्जा संरक्षण और पर्यावरण को ध्यान में रखते हुए उनका प्रसंस्करण और संरक्षण और विवेकपूर्ण तरीके से उसका उपयोग अत्यधिक महत्वपूर्ण है। पशु उत्पाद प्रसंस्करण और उत्पाद बनाने की प्रक्रिया के पुराने तरीके सामान्यतः वैज्ञानिक आधार पर नहीं होते और प्रक्रिया भी काफी जटिल हुआ करती थी। लेकिन अब लगातार वैज्ञानिक अनुसंधान के परिणामस्वरूप पशु उत्पाद प्रसंस्करण के आधुनिक तरीके विकसित किए जा चुके हैं जिसमें मुर्गे, अण्डों और मछली की प्राथमिक प्रसंस्करण व संरक्षण में स्वच्छता प्रक्रिया का काफी ध्यान रखा जाता है। अंडे को अक्सर वैज्ञानिक और आकर्षक तरीके से एकत्रित व संरक्षित कर बाजार में भेजे जाते हैं। पोल्ट्री मांस और मछली का अंतरराष्ट्रीय बाजार में बड़े पैमाने पर जमे हुए रूप में व्यापार किया जाता है जबकि अंडे सूखे पाउडर के रूप में होते हैं।

टैरिफ और व्यापार पर सामान्य समझौता (GATT) और विश्व व्यापार संगठन (WTO) समझौते पर हस्ताक्षर के बाद विश्व स्तर पर प्रसंस्कृत पशु उत्पादों की मांग में वृद्धि हुई है। लेकिन खाद्य व्यापार के नए पैटर्न के लिए स्वच्छता और फाइटो–स्वच्छता (एसपीएस) उपायों को लागू करना प्रमुख मुद्दा बन गया। हालांकि, प्रसंस्कृत पशु उत्पाद की मांग भारत सहित दुनिया के प्रमुख शहरों में बढ़ रहे हैं और सुपर बाजारों में इनकी काफी अच्छी हिस्सेदारी हो गई है।

भारतीय पशु चिकित्सा परिषद (वीसीआई), आईसीएआर, एसएयू, एसवीयू, सीएयू द्वारा पशुधन उत्पाद प्रौद्योगिकी एक महत्वपूर्ण अनिवार्य शैक्षणिक विषय के रूप अपनाने से इनसे जुड़े प्रमुख गतिविधियों में विकास की संभावनाएं बढ़ती गईं। इन विश्वविद्यालयों के अलावा, यूजी और पीजी कार्यक्रमों के तहत कई डीम्ड विश्वविद्यालयों और निजी संस्थानों में पशुधन उत्पाद प्रौद्योगिकी से संबंधित पाठ्यक्रम भी पढ़ाए जाते हैं। इसके अलावा, एमओएफपीआई मांस और अंडे से संबंधित वस्तुओं के प्रसंस्करण को और अधिक महत्व देने लगे और इसके लिए भारत सरकार ने भी कई महत्वपूर्ण कदम उठाए और पशुधन उत्पाद और प्रसंस्करण से संबंधित कई संस्थानों की स्थापना की गई। भारतीय कृषि अनुसंधान परिषद भी अच्छी गुणवत्ता वाली पाठ्यपुस्तकों के प्रकाशन के लिए प्रोत्साहित करता है जो विभिन्न शोध, शिक्षण और विस्तार संबंधी गतिविधियों में लगे व्यक्तियों के लिए उपयोगी होगी।

यह पुस्तक राष्ट्रीय और अंतरराष्ट्रीय स्तर पर जाने–माने विशेषज्ञों के अनुसंधान निष्कर्षों व अनुशंसा को ध्यान में रखकर लिखी गई है और इसमें मांस, मुर्गी पालन, अंडा और मछली प्रसंस्करण प्रौद्योगिकी के क्षेत्रों में मान्यता प्राप्त अनुसंधान इकाइयों द्वारा की गई अनुसंधानों का बहुमूल्य योगदान है। इसलिए आशा है कि यह पुस्तक शोधकर्ताओं, शिक्षाविदों, उद्यमियों, मांस उद्योगकर्मियों, सार्वजनिक स्वास्थ्य विशेषज्ञों और विभिन्न मांस, अंडे और मछली उत्पादों के प्रसंस्करण हेतु छात्रों के लिए बहुत महत्वपूर्ण होगी।

विषय सूची

भाग–I

कुक्कुट प्रसंस्करण और उत्पाद

अध्याय–1

कुक्कुट का प्रसंस्करण

कुक्कुट मांस का सेवन दुनिया भर में बिना किसी धार्मिक वर्जना के किया जा रहा है एवं पिछले कुछ दशकों में इसकी खपत में काफी वृद्धि हुई है। श्रमलागत में बढ़ोतरी और अच्छी गुणवत्ता वाले उत्पादों के मांग में बढ़ोतरी के कारण कुक्कुट उद्योग में नवाचार एवं तकनीकी क्षेत्र में उल्लेखनीय प्रगति हुई है। बीते कई दशकों से कुक्कुट उद्योग में नैतिक मुद्दा और सुरक्षा के दृष्टिकोण से जीवित पक्षी संग्रह, उसके परिवहन, गंतव्य स्थान पर उतराई और वध करने की प्रक्रियाओं में मूलभूत परिवर्तन हुआ है।

कुक्कुट का पूर्व–वध देखभाल, इसे पकड़ने एवं लदाई की प्रक्रिया

सामान्य तौर पर ब्रॉयलर कुक्कुट को गाड़ी में लदाई के लिए रात में पकड़ा जाता है क्योंकि इस समय पक्षी कम संघर्ष करते हैं एवं आसानी से पकड़े जा सकते हैं। लदाई की प्रक्रिया की व्यवस्था ऐसी होनी चाहिए कि वधशाला में वध की प्रक्रिया शुरू होने से एक घंटे पहले पहुँच जाए। यह देखा गया है कि कुक्कुट को पकड़ने, इसकी लदाई एवं वधशाला तक परिवहन के दौरान बहुत अच्छी निगरानी के बावजूद 8–25 प्रतिशत ब्रॉयलर क्षतिग्रस्त हो जाते हैं जिसके परिणामस्वरूप पक्षियों में थकान, तनाव और शवों व मांस की गुणवता में कमी के कारण कभी–कभी कुक्कुट उद्योग को भारी वित्तीय नुकसान उठाना पड़ जाता है। टर्की एवं अन्य पक्षियों को प्रसंस्करण के लिए आवश्यकता को ध्यान में रखते हुए आवश्यकतानुसार पकड़ा जाता है। आमतौर पर टर्की व अन्य मुर्गियों को दोपहर के बाद वध से पहले पकड़ा जाता है क्योंकि टर्की को कभी–कभी खुले चरागाह से पकड़ना पड़ता है, वहीं अंडा देने वाली मुर्गियों को उसके पिंजरे से मुर्गीखाना में ले जाया जाता है। पक्षियों के पकड़े जाने से पहले सभी दाना और पानी के उपकरणों को एक कोने में कर दिया जाता है और पक्षियों को उत्तेजित होने से रोकने के लिए रोशनी को बंद या मंद कर दिया जाता है। फिर दो आदमी अपने प्रत्येक हाथ से चार ब्रॉयलर को पैर द्वारा पकड़ते हैं, इन पक्षियों को दो अन्य व्यक्ति को सौंपा जाता है जो इसे उन्हें कुक्कुट घर के बाहर ट्रक में ले जाते हैं, वहां ट्रक चालक और एक सहायक उन्हें अंदर ले जाते हैं और ट्रक पर उन्हें व्यवस्थित

तरीके से पिंजरे में रखता है। ट्रक चालक की यह जिम्मेदारी होती है कि पक्षी ठीक से टोकरा में भरा हुआ हो और वे समय पर अच्छी स्थिति में प्रसंस्करण इकाई में पहुंच जाएं।

कुक्कुट के परिवहन की प्रक्रिया को तीन बुनियादी प्रणालियों में विभाजित किया जा सकता है:–

i) खुला टोकरा प्रणाली: यह कुक्कुट परिवहन के लिए सबसे प्राचीन प्रणालियों में से एक है जिसमें कुक्कुट के परिवहन के लिए लकड़ी या तार से बने खुले टोकरे का उपयोग होता था। खाली टोकरे को लॉरी से शेड में ले जाया जाता है, जहां कुक्कुट पकड़ने वाली टीम बक्से को भरती है। गर्मी व तनाव के जोखिम को कम करने के लिए गर्मियों में कुछ कम पक्षियों को प्रत्येक टोकरे में रखा जाता है। पक्षियों को एक पैर से पकड़ा जाता है और टोकरा के शीर्ष पर एक खुले पल्ला के माध्यम से टोकरे में डाल दिया जाता है। टोकरा के शीर्ष पर खुले पल्ला का आकर इतना होना चाहिए कि पक्षी को आसानी से अंदर डाला जा सके परन्तु टोकरे के अंदर से पक्षी बाहर नहीं आ सकें। परिवहन के बाद पक्षियों को टोकरे से निकालने के लिए टोकरे के किनारे या शीर्ष में बड़ा छिद्र होता है जिसके माध्यम से पक्षियों को बाहर निकाला जाता है।

ii) स्थाई बक्से: बक्से का निर्माण ट्रक पर स्थाई रूप में किया जाता है। ट्रक के पूरे सतह पर लगभग 96 बक्से का दो ढांचा स्थाई रूप से जोड़ दिया जाता है एवं दोनों ढांचों के बीच लम्बी पतली जगह छोड़ी जाती है जिससे हवा का आदान–प्रदान हो सके। पक्षियों की संख्या एवं आकार के हिसाब से इन बक्सों को कार्मिकों द्वारा भरा जाता है।

iii) मॉड्यूल: यह एक धातु फ्रेम होता है जिसमें 4–16 बक्से या डिब्बे होते हैं। पक्षियों को पकड़ने वाले स्थान पर खाली मॉड्यूल को एक कम उचाई वाले ट्रक की सहायता से पक्षीगृह में ले जाया जाता है एवं पक्षियों को हाथ से पकड़ कर सीधे डिब्बों में रखा जाता है। इस प्रकार पक्षियों को टोकरा में भरते समय कई लोगों के हाथ लगाने से एवं पक्षियों को टोकरा में भरने से पहले इन्हें लंबी दूरी तक ले जाने की आवश्यकता से बचा जाता है।

परिवहन

मुर्गियों का परिवहन वध से एक घंटे पहले सुबह के समय व दिन के ठंडे समय में किया जाता है। परिवहन के समय यह ध्यान रखना चाहिए कि मुर्गियों

को दम घुटने की समस्या नहीं हो। प्रचलित जलवायु और उच्च हवा की गति का सामना खुले पक्षीय वाहनों द्वारा परिवहन के दौरान करना पड़ता है। गर्म, नम स्थितियों में एक लाभदायक शीतलन प्रभाव प्रदान करेगा जबकि ठंडी, गीली परिस्थितियों में यह हवा सर्द कारक को बढ़ाती है। जब वाहन स्थिर होता है तब इस शीतलन से पक्षियों पर गंभीर प्रतिकूल प्रभाव पड़ सकता है। गर्म मौसम में, प्रत्येक टोकरा या मॉड्यूल में रखे गए पक्षियों की संख्या सामान्य से कम होनी चाहिए।

अभिग्रहण और उतारना

अभिग्रहण क्षेत्र, जिसे अक्सर आगमन क्षेत्र भी कहा जाता है, यहाँ पक्षियों को उतारने के बाद वधगृह में लाया जाता है। इस क्षेत्र हेतु कुछ आवश्यक कल्याणकारी दिशा–निर्देश है जिनका पालन अनिवार्य होता है, जैसे पूरा क्षेत्र एक छत के नीचे होना, पर्याप्त आकार का होना चाहिए ताकि सभी परिवहन वाहन एक तरफ से भवन में प्रवेश कर सकें और धोने के बाद दूसरे स्थान पर पहुंच सकें जिससे किसी भी प्रकार के संदूषण से बचा जा सके।

पक्षियों का वजन करना

अब विशेष रूप से पक्षियों के वजन हेतु थोक वजन वाली प्रक्रिया उपयोग में लायी जाती है। खाली बक्से से लदे ट्रक को फार्म के समीप स्थित सार्वजनिक तराजू पर तौला जाता है। फिर ट्रक को फार्म प्रक्षेत्र में लाकर ब्रॉयलर को टोकरे में भरा जाता है। लोडिंग के लिए ट्रक से बक्से की केवल एक या दो पंक्तियों को हटा दिया जाता है। मुर्गियों से भरा ट्रक प्रसंस्करण इकाई के निकटतम सार्वजनिक तराजू पर तौला जाता है।

वध–पूर्व निरीक्षण

सामान्य रूप से पोल्ट्री फार्म, बूचड़खाने/पोल्ट्री प्रोसेसिंग यूनिट के पास स्थित होते हैं। इसलिए मुर्गियों के बूचड़खाने/पोल्ट्री प्रोसेसिंग यूनिट में पहुँचने के तुरंत बाद उन्हें बिना कोई विश्राम दिए वगैर वध करने हेतु तुरंत भेज दिया जाता है। यदि मुर्गियों को एक जगह जमा करने की आवश्यकता पड़ती है तो इनके संख्या के हिसाब से पर्याप्त जगह होना चाहिए एवं पीने योग्य पानी की उपलब्धता होनी चाहिए। ध्यान रहे, इस जगह पर दाना देने की व्यवस्था नहीं होनी चाहिए क्योकि मुर्गों को वध से पहले दाना नहीं खिलाने से वध–पश्चात अंतड़ी निकालने

की प्रक्रिया में सहूलियत होती है एवं संदूषण की संभावना भी कम होती है। कभी कभी कुक्कुट फार्म एवं प्रसंस्करण इकाइयों के बीच ज्यादा दूरी हो सकती है लेकिन ध्यान रखना है कि मुर्गों की ट्रक में लदाई और इसके वध के बीच का अंतराल 12 घंटे से अधिक नहीं होना चाहिए। अतः :प्रसंस्करण इकाइयों को मुर्गों की खरीद के समय यह भी ध्यान रखना है कि फार्म प्रसंस्करण इकाई से ज्यादा दूर नहीं हो। जीवित मुर्गों का वध–पूर्व निरीक्षण फार्म से शुरू होकर वधशाला तक होता है। यह सुनिश्चित करना आवश्यक है कि वे किसी ऐसी बीमारी या स्थिति से प्रभावित न हों जो अस्वास्थ्यकर मांस उत्पादन का कारण बने। पक्षियों को पोल्ट्री हाउस में, परिवहन के बाद, विश्राम के दौरान और अंत में वध करने से ठीक पहले ध्यानपूर्वक जांच की जाती है और जो पक्षीयों स्वास्थ्य और सतर्क स्थिति में होते हैं, उन्हें वध के लिए उपयुक्त घोषित किया जाता है। पर्याप्त प्राकृतिक या कृत्रिम प्रकाश व्यवस्था के अंदर ही वध–पूर्व निरीक्षण का कार्य होना चाहिए। निरीक्षक पक्षियों को देखता है और उनकी स्थिति के अनुसार उन्हें चार सामान्य श्रेणियों में अलग करता है:–

i) वे पक्षी जो मृत/मरने की अवस्था में होते हैं, प्रथम श्रेणी में आते हैं,

ii) अत्यधिक गंदे पक्षी और वे जो किसी संक्रामक रोग, ऊष्मा घात, जख्म/चोट या अन्य गंभीर समस्या से पीड़ित होने की स्थिति में उन्हें वध हेतु अनुपयुक्त घोषित किया जा सकता है एवं मानव उपभोग के लिए पोल्ट्री प्रसंस्करण इकाई में प्रवेश नहीं कराना चाहिए,

iii) वैसे पक्षी जिनके हालात दर्शाते हैं कि उनके वध उपरांत निरीक्षण के दौरान मांस को अनुपयुक्त घोषित होने की संभावना है। ऐसे पक्षियों के शवों को इनके वध उपरांत निरीक्षण की विस्तृत रिपोर्ट आने तक स्वस्थ पक्षियों के शवों को से अलग रख संसाधित किया जाना चाहिए।

iv) वैसे पक्षी जो किसी ऐसे संक्रामक रोग से पीड़ित हों या पीड़ित होने का संदेह हो जिससे मानव में संक्रमण की संभावना हो। वध–पूर्व निरीक्षण के बाद ऐसे सभी जीवित पक्षियों को पोल्ट्री प्रसंस्करण इकाई से हटाया जा सकता है।

निम्नलिखित परिस्थितियों में जीवित पक्षियों को वध हेतु अनुपयुक्त करने की सिफारिश की जाती है: (i) पक्षी बैठा है एवं खड़ा होने में असमर्थ है, (ii) त्वचा और मांस का बीमारी–सा लगना, (iii) आंशिक पक्षाघात, आक्षेपात्मक चाल, तंत्रिका

संबंधी गड़बड़ी, (iv) तरल पदार्थ युक्त बहुत विकृत पेट, (v) असामान्य रूप से लाल या बैंगनी रंग की कुक्कुट शिखा के साथ सूखा, सुस्त एवं खराब दिखावट। (vi) सुस्त दिखावट, सूजी या उठी, उभरी हुई सूंडी, (vii) क्षीणता, अत्यधिक पतलापन, अत्यधिक कमजोरी, (viii) पक्षियों में हांफना, गड़गड़ाहट या रक्त के निष्कासन से, या मुंह, नथुने या आंखों से द्रव का निर्वाहन या सुजन्युक्त फूली आँखें या बहुत सूज गया सिर एवं निर्वहन करता साईनस के साथ साँस लेने में तकलीफ, (ix) बहुत ज्यादा एवं घिनौना पपड़ी, गांठ, छाले, खुले घाव, फोड़े व अल्सर, त्वचा या अंतर्निहित ऊतक के कई सूजन वाले क्षेत्र, (x) ट्यूमर जैसी कई सूजन, और (xi) पंखों और पैरों की हड्डियों में विशिष्ट वृद्धि।

तालिका 4: विभिन्न प्रकार के रोगों से प्रभावित पक्षियों के लिए वध–पूर्व निरीक्षण निर्णय

क्र.सं.	**बीमारी**	**वध हेतु अनुपयुक्त**	**संदेहास्पद वध की लिए उपयुक्त**
1.	और्नीथोसीस	सभी प्रभावित पक्षी	–
2.	रानीखेत रोग	तीक्ष्ण लक्षण वाले पक्षी	बाकी सभी
3.	बोटुलिज्म (लिम्बर नेक)	सभी प्रभावित पक्षी	–
4.	दीर्घकालिक श्वास सम्बंधित बीमारी	–	सांस की थोड़ी तकलीफ वाले पक्षी
5.	कॉक्सीडियोसिस	एनीमिक पक्षी	अत्यधिक प्रभावित पक्षी
6.	फॉउल टाइफाइड	सभी प्रभावित पक्षी	–
7.	फॉउल पॉक्स	दुर्बल पक्षी	बाकी सभी
8.	फॉउल कॉलरा	सभी सेप्टिसेमिक पक्षी	बाकी सभी
9.	संक्रामक ब्रोंकाइटिस	प्रगतिशील अवस्था वाले पक्षी	ठीक हुए पक्षी
10.	संक्रामक कोराइजा	दुर्बलता के साथ तीक्ष्ण लक्षण वाले पक्षी	अत्यधिक प्रभावित पक्षी
11.	संक्रामक इन्टेरोहेपटाइटिस (टर्की की ब्लैकहेड बीमारी)	लक्षण दिखाने वाले पक्षी	ठीक हो रहे एवं ठीक हुए पक्षी
12.	संक्रामक लेरिन्जोट्रेकाइटीस	नीलिया के साथ प्रगतिशील अवस्था वाले पक्षी	रोग के प्रारंभिक संकेत वाले पक्षी या संकेतित ठीक हो रहे पक्षी
13.	तंत्रिका लिम्फोमाटोसिस	सभी प्रभावित पक्षी	–

पक्षियों को बेहोश करना

आजकल दुनिया में पक्षियों के वध करने की तकनीकों में बहुत विकास हुआ है। लेकिन वध करने के कुछ मजहबी तरीकों को छोड़कर और सभी तरीकों में पक्षियों को बेहोश करने एवं रक्तस्राव के समान तरीकों का पालन किया जाता है। पक्षियों के वध प्रक्रिया में इन्हें बेहोश करने के कारण–

1. गर्दन काटने के दौरान पक्षी को दर्द महसूस नहीं होता है।
2. रक्तस्राव के दौरान पीड़ा को कम करने के लिए।
3. ऐसा करने से पक्षियों के गर्दन को सही ढंग से आसानी से काटा जा सकता है।
4. रक्तस्राव के दौरान होने वाली ऐंठन को रोकने के लिए जिसकी संभावना अनियंत्रित पक्षियों में ज्यादा होती है।

पक्षियों को बेहोश करने के लिए विभिन्न तरीकों का पालन किया जाता है लेकिन विद्युत प्रवाह से बेहोश करने की प्रक्रिया को सबसे अधिक अपनाया गया है। पक्षियों के लिए पांच प्रकार के विद्युत प्रवाह से बेहोश करने की प्रक्रिया का उपयोग किया जा सकता है:– पानी में विद्युत प्रवाह से बेहोश करना, ग्रिड स्टनर, दो प्रकार के विद्युतीकृत चाकू और वी–आकार के स्टनर। अधिकांश प्रसंस्करण इकाइयों में पानी में विद्युत प्रवाह द्वारा बेहोश करने की प्रक्रिया अपनाई जाती है। इस प्रक्रिया में बिना ढक्कन वाले पानी से भरे टैंक का इस्तेमाल होता है। पक्षियों को जब पैरों से टांग कर ओवरहेड लाइन के माध्यम से आगे के तरफ बढ़ाया जाता है तो इन पक्षियों का सर पानी से भरे टैंक में डूब जाता है एवं पानी के माध्यम से पक्षी के शरीर में विद्युत का प्रवाह होता है जिससे पक्षी कुछ समय के लिए बेहोश हो जाता है। इस प्रणाली की एक खामी यह है कि इससे सभी आकार के पक्षियों को बेहोश नहीं किया जा सकता है। बहुत छोटे पक्षी पानी की सतह को स्पर्श किये बगैर आगे बढ़ जाते हैं जबकि बड़े पक्षी पंखों तक डूब जाते हैं जिससे मस्तिष्क एवं पैरों के बजाय पंखों एवं पैरों के बीच विद्युत प्रवाह का खतरा बढ़ जाता है।

खून बहाना

मुर्गियों के काटने के कई तरीके हैं ताकि उनका खून बहाया जा सके– (i) 'संशोधित कोशर पद्धति' जिसमें पक्षी के हवा नली और ग्रासनली को बचाते हुए जबड़ा के नीचे जूगलर नस को काट दिया जाता है, (ii) गर्दन की एक तरफ

आमतौर पर जुगलर नस, कैरोटिड धमनी काटा जाता है, (iii) 'हलाल विधि' जिसमे वध करने वाले पक्षियों के गर्दन के के पीछे की त्वचा और मांसपेशियों को छोड़कर सभी ऊतक काट दिए जाते हैं, (iv) 'स्कैचिटा वध प्रणाली' जिसमे पक्षियों की गर्दन के सामने से कम चौड़ा कट किया जाता है जिससे आमतौर पर दोनों कैरोटिड धमनियों के साथ–साथ जुगलर नस भी कट जाता है परन्तु इस प्रक्रिया में कभी–कभी एक कैरोटिड धमनी नहीं कट पाता है, (v) मुंह के माध्यम से एक मैनुअल कट द्वारा आमतौर पर गर्दन के शीर्ष पर स्थित जुगलर नसों के सम्मिलन को गंभीर रूप से काटा जाता है, (vi) डबल ब्लेडयुक्त गर्दन काटने वाली स्वचालित मशीन, जो आमतौर पर केवल गले की नसों को काटता है, (vii) सिंगल ब्लेंडयुक्त गर्दन काटने वाली स्वचालित मशीन, जो आमतौर पर कट की गहराई के अनुसार एक या दोनों धमनियों को काटता है और कभी–कभी कैरोटिड धमनी और रीढ़ की हड्डी को भी काट देता है।

उपरोक्त विधियों में से "संशोधित कोशर पद्धति' को आधुनिक प्रसंस्करण इकाइयों में सबसे अधिक उपयोग किया जाता है क्योंकि इससे अच्छा रक्तस्राव (कुल रक्त का 35–50 प्रतिशत) प्राप्त करना आसान होता है और सिर एवं गर्दन के बरकरार रहने से आगे के कार्यों में सुविधा होती है।

स्कॉल्डिंग

पक्षियों को गर्म पानी में डुबोकर या छिड़काव कर इसके पंखों के चमड़े में जुड़ाव को कमजोर बनाया जाता है जिससे इन्हें आसानी से निकला जा सके। गरम पानी के छिड़काव की प्रणाली की तुलना में पक्षी को डुबोने हेतु गर्म पानी के टैंक का अत्यधिक उपयोग होता है। शव स्वच्छता की दृष्टि से गरम पानी के छिड़काव की प्रणाली का सकारात्मक लाभ मिलता है। हालांकि, उच्च जल उपयोग और खराब शव गुणवत्ता की समस्या के कारण इसको व्यापक रूप से नहीं आपनाया जा सका। इस प्रणाली में आमतौर पर पानी का तापमान 65 डिग्री सेल्सियस रखा जाता है। कुक्कुट में स्कॉल्डिंग की प्रक्रिया को निम्न रूप में वर्गीकृ त किया जा सकता है:

i) सॉफ्ट स्कॉल्डिंग/स्लैक स्कॉल्डिंग: इस प्रक्रिया में 2.5 मिनट के लिए 50–51.5 डिग्री सेल्सियस तक गर्म पानी में मुर्गों को डुबोया जाता है। ताजा व ठंडा कर बाजार में बेचने हेतु मुर्गों को इस विधि से स्कॉल्डिंग करना उचित होता है क्योंकि इस तापमान पर चमड़े पर एक नरम पपड़ी बनी रहती

है जो शव को ठंडी करने की प्रक्रिया के दौरान त्वचा को सूखने एवं गंभीर धब्बा आने से बचाता है। लेकिन इस प्रणाली की एक बड़ी समस्या यह है कि स्कॉल्डिंग के बाद पक्षी के पंखों को हटाने में कठिनाई होती है जिससे ज्यादा से ज्यादा पंखों को हाथ से हटाना पर जाता है या फिर प्रसंस्करण लाइन पर अतिरिक्त पंख हटाने वाली मशीन स्थापित किए जाने की आवश्यकता होती है।

ii) सेमी स्कॉल्डिंगः इस स्कॉल्डिंग विधि के लिए पानी का तापमान 53–55 डिग्री सेल्सियस होना चाहिए और 1–2 मिनट के लिए पक्षी को डुबो कर रखना चाहिए। इसका उपयोग आमतौर पर ब्रॉयलर और भारी पक्षियों के स्कॉल्डिंग के लिए किया जाता है।

iii) सब स्कॉल्डिंगः 56–60 डिग्री सेल्सियस पर 30–75 सेकेंड के लिए स्कॉल्डिंग किए गए शवों को आमतौर पर सबस्केल्ड माना जाता है। इस तरह के शवों की त्वचा की बाहरी परत टूट जाती है, लेकिन मांस प्रभावित नहीं होता है। इस प्रक्रिया के बाद त्वचा से पंखों को हटाने में आसानी होती है एवं शव की त्वचा सामान रंग की होती है।

iv) हार्ड स्कॉल्डिंगः आमतौर पर अंडा देने वाली मुर्गी और वाटर फाउल को 30 से 60 सेकेंड के लिए 71–82 डिग्री सेल्सियस पर स्केल्ड किया जाता है क्योंकि यही एकमात्र संतोषजनक तरीका है जिससे इन पक्षियों के पंखों को छुड़ाने में आसानी होती है। इस तरह से स्केल्ड की हुई शवों के मांस का विस्तार होता है और त्वचा के नीचे थोड़ा मोटा हो जाता है और ताकि शव फुला, रूखी और बेजान दिखाई देता है तथा प्रसंस्करण के तुरंत बाद त्वचा फीका दिखने लगता है। इसलिए शव को पैकेजिंग सामग्री में ढंक कर या बर्फ अथवा पानी से गीला कर रखना चाहिए।

पंखों को हटाना

पक्षियों के स्कॉल्डिंग के तुरंत बाद मशीनों का उपयोग कर या हाथों से पंखों को हटा दिया जाता है। जब इस कार्य को ऑनलाइन मशीन द्वारा किया जाता है तो उपयोग की जाने वाली मशीन की संख्या और प्रकार पक्षियों के आकार और प्रजातियों तथा शवों के विशिष्ट भागों पर निर्भर होते हैं। मशीनों में विपरीत दिशा में घुमने वाली स्टेनलेस स्टील के गुंबदें लगी होती हैं जिनपर रबर की उंगलियां चढ़ी रहती हैं। शव को ठंडा होने से बचने के लिए पंख हटाने वाले मशीन एवं स्कॉल्डिंग टैंक को एक दूसरे के निकट स्थापित किया जाना चाहिए। सेमी–स्केल्ड

पक्षियों को सब–स्केल्ड पक्षियों की तुलना में 50 प्रतिशत ज्यादा क्षमता वाले मशीन की आवश्यकता होती है। पानी की एक स्थिर धारा पंखों को धोती है और चिकनाई का भी काम करती है। कभी–कभी शवों में नुकीले पंख (उभरे हुए पंख) देखे जाते हैं, जिन्हें हाथ से हटाया जाता है एवं इस प्रक्रिया को पिनिंग कहते हैं। पक्षी के शव को 5–10 सेकेंड के लिए एक ज्वाला (तापमानः 1500–1600 डिग्री सेल्सियस) से होकर गुजारते हैं जिससे शेष महीन बाल (फिलोप्लेम्स) और नुकीले पंख जल जाते हैं। बत्तख में प्रायः इस प्रक्रिया में मोम का इस्तेमाल होता है जिसे वैक्स स्ट्रिपिंग कहा जाता है। बत्तख को पिघले हुए मोम में डुबाया जाता है और फिर ठंडे पानी के छींटों से गुजारते हैं जो मोम को सख्त कर देते हैं। पक्षियों से कठोर मोम को हाथ से हटा दिया जाता है, इस प्रक्रिया में महीन ठीक पंख हट जाते हैं। प्राप्त मोम का उपयोग पुनः किया जा सकता है।

धुलाई

शव को रबर की उंगलियों से घिसने के साथ साफ पानी की धारा से धोया जाता है जिससे न केवल शवों से गन्दगी साफ होती है, बल्कि शवों पर पाए जाने वाले सूक्ष्मजीवों की संख्या को भी कम करता है।

टांग और तेल ग्रंथि को हटाना

आमतौर पर शवों को धोने के तुरंत बाद ड्रेसिंग रूम में ला कर यह कार्य किया जाता है। चाकू, आरी, हस्तचालित कतरनी या मशीनीकृत कैंची का उपयोग करके टांगों को हटाया जा सकता है।

अंतड़ी निकालना

विभिन्न कुक्कुट प्रजातियों, क्षेत्रों व प्रसंस्करण इकाइयों में अलग–अलग तरीकों से कुक्कुटों के शारीर से अंतड़ी निकालने की प्रक्रिया अपनाई जाती है। हालाँकि प्रसंस्करण इकाइयों में अंतड़ी निकालने एवं अन्य ड्रेसिंग के कार्य हेतु अलग–अलग वाहक लाइन का उपयोग किया जाता है एवं एक निरंतर रेखावाहक लाइन की तुलना में दो लाइनों के कई फायदे हैं। यदि एक लाइन बंद भी हो जाती है तो दूसरी लाइन का कार्य तब तक जारी रहं सकता है जब तक कि इस लाइन पर मुर्गी पूरी तरह से तैयार नहीं हो जाती है, ड्रेसिंग लाइन से गंदगी के साथ अंतड़ी निकालने वाली लाइन दूषित नहीं होती है और आमतौर पर ड्रेसिंग लाइन अंतड़ी निकालने वाली लाइनों की तुलना में तेजी से काम कर सकती है। आमतौर

पर मुर्गियों को उसके पैर के जोड़ों (हॉक जोड़) को जंजीर में फंसा कर उसे अंतड़ी निकालने वाली लाइनों में शामिल किया जाता है। इस परिस्थिति को द्विबुन्दीय लटकाव कहा जाता है क्योंकि इस प्रक्रिया में मुर्गों को टांगने के लिए दोनों पैरों का इस्तेमाल करते हैं। टर्की को टांगने के लिए दोनों पैरों के साथ साथ सिर/गर्दन का भी इस्तेमाल करते हैं एवं त्रिबुन्दीय लटकाव कहा जाता है। इस प्रक्रिया में टर्की का शरीर क्षैतिज अवस्था में रहता है जिससे कटाई एवं आंत निकासी का कार्य सुविधाजनक हो जाता है। एक स्वचालित एकल लाइन में लगभग 6000 पक्षी/घंटा की रफ्तार से प्रसंस्करण कार्य किया जा सकता है। एक आदर्श प्रसंस्करण इकाई में इन कार्यों हेतु एक वेंट (मलद्वार) काटने वाला मशीन, एक शव खोलने वाला मशीन, एक आंत निकासी मशीन और एक गर्दन काटने वाली मशीन की सुविधाओं की आवश्यकता होती है।

मलद्वार के चारों ओर एक क्षैतिज या वी–आकर में काटकर अपने हाथ की सहायता से आंतों को निकाला जा सकता है। कभी–कभी इसके लिए एक वेंट (मलद्वार) काटने वाला मशीन का भी उपयोग किया जाता है। इस मशीन में एक केंद्रीय पिन होता है, जिसे मल द्वार में डालकर निर्वात पम्प द्वारा मलद्वार ऊपर खिंचा जाता है एवं बेलनाकार ब्लेड को इसके चारों तरफ घुमाकर काट दिया जाता है। आंत के साथ जुड़ाव को नहीं काटा जाता है। प्रारम्भ के किया गए कट को कैंची की सहायता से बड़ा कर लेते हैं ताकि अंतड़ी को आसानी से बाहर निकाल सकें। ध्यान रहे, निकाले गए आंत को शवों के बाहर इस प्रकार से लटकाना चाहिए कि ऊपर से आती रोशनी सीधे शरीर कोष्ठ पर पड़े ताकि शव परीक्षण हेतु तैनात निरीक्षक को शव को झुकाने या मोड़ने की आवश्यकता न हो।

पोस्टमार्टम (पीएम) निरीक्षण

वध किये गए मुर्गों के शरीर से आंत निकालने की प्रक्रिया पूर्ण होने के तुरंत बाद नियमित रूप से पोस्टमार्टम (पीएम) निरीक्षण कराई जानी चाहिए। वध किये गए पक्षी के शरीर की गुहा में एक अनुप्रस्थ चीरा लगाकर खोला जाता है और सभी अंदरूनी अंगों को बाहर निकाला जाता है।

पोस्टमार्टम निरीक्षण का मुख्य उद्देश्य इस प्रकार है:

i) संदूषण सहित असामान्यताओं का पता लगाना और उसे बाहर निकालना, इस प्रकार यह सुनिश्चित करना कि मानव–उपभोग के योग्य मांस ही भोजन–श्रृंखला में जाए।

ii) रक्त सहित पशु के सभी अंगों को वध के तुरंत बाद निरीक्षण हेतु प्रस्तुत करना चाहिए।

iii) सक्रिय एवं तीव्र फैलने वाले घावों का बहुत ही गंभीर रूप से निरीक्षण करना पड़ता है, और अगर आवश्यकता पड़ी तो पूरे शव को भोजन–शृंखला से हटाना पड़ सकता है लेकिन घाव यदि पुराना है और लसीका ग्रंथि में कोई समस्या नहीं हो तो प्रभावित भाग कट कार हटाया जा सकता है।

iv) प्रत्येक निरीक्षण बिंदु में अच्छी तरह से प्रकाशित होना चाहिए। कोई भी रंग विकृत नहीं होनी चाहिए, जहां पर्याप्त प्रकाश उपलब्ध नहीं है वहां कम से कम 50 फीट मोमबत्ती (540 लक्स) की तीव्रता के प्रकाश उपलब्धता की व्यवस्था होनी चाहिए।

v) शव का सभी हिस्सा जिसमे कोई भी घाव हो या कोई अन्य स्थिति या मिलावट की सम्भावना हो तो शव को आगे निरीक्षण के लिए रखा जाता है और अंतिम निरीक्षण पूरा होने तक तदनुसार चिन्हित किया जाता है। इसी तरह मांस और वे सभी अंग जो अयोग्य घोषित किये जाते हैं, उसे ''निरीक्षित और दोषित'' चिह्नित किया जाता है।

अधिकांश देशों में शव निरीक्षण के मुख्य निर्णय इस प्रकार हैः

i) मानव उपभोग के लिए स्वीकृत।

ii) प्रभावित अंदरूनी अंगों को अलग कर दिया जाता है, पूरे शव को अस्वास्थ्यकर और दोषित घोषित किया जाता है (मानव उपभोग के लिए पूरी तरह से अस्वास्थ्यकर)।

iii) मानव उपभोग के लिए आंशिक रूप से अस्वास्थ्यकर।

''मानव उपभोग के लिए सशर्त रूप से अनुमोदित'' की श्रेणी का उपयोग कुछ देशों में किया जाता है। शव जो कि स्वास्थ्य के लिए असंतोषजनक है या जो किसी तरह से मानव और पशु भोजन के लिए खतरनाक हो सकता है, को आधिकारिक निगरानी में उपचारित किया जाता है जो इसे मानव उपभोग के लिए सुरक्षित बनाता है। इसके कुछ उदाहरण इस प्रकार हैं–

निम्नलिखित कारणों के चलते शवों को अस्वास्थ्य कर घोषित किया जाना चाहिएः

i) अर्ध ठोस या ठोस पीला मवाद का जमाव, परतदार पदार्थ युक्त तरल पदार्थ, या अंदरूनी अंगों पर या शरीर गुहा में चिपचिपा या बदबूदार पदार्थ,

ii) शव के अंदर कई, व्यापक या प्रतिकारक विकास

iii) क्षीणता, जो कि अत्यधिक पतलेपन और हृदय मुकुट पर वसा का बहुत कम या नहीं होने से प्रकट होता है,

iv) शरीर की गुहा अस्तर और आंतों के असामान्य रूप से लाल दिखना,

v) आंत्रयोजनी (मेसेन्टेरिक) नाड़ी में अत्यधिक रक्त जमाव, जो यह दर्शाता है कि पक्षी की मृत्यु वध के अलावा किसी और कारण से हुई है,

vi) शरीर गुहा या आंतों की दीवारों में अत्यधिक सूजन, या शरीर गुहा या आंतों के बीच व्यापक जुड़ाव।

यकृत, मांसपेशीय उदर (गिजार्ड) और दिल को समग्र रूप से जिब्लेट कहा जाता है। दिल और यकृत को शेष अंदरूनी अंगों से काट कर या खींच कर अलग कर दिया जाता है। इसके बाद यकृत से पित्ताशय को एवं दिल से उपरी परत एवं धमनियों को हटा दिया जाता है। गिजार्ड को भी आंत से काटकर अलग कर इसे खाली कर धोया जाता है, और एक चाकू या छीलना की मदद से अंदर की परत को हटा दिया जाता है। जिब्लेट को चर्मपत्र कागज, बैग या फिल्म में लपेट कर शव के गुहा में रख दिया जाता है।

फेफड़ों को हाथ से या निर्वात सिस्टम से हटाया जा सकता है। निर्वात निष्कासन सबसे प्रभावी तरीका है और इसका उपयोग अधिकांश बड़े संयंत्रों में किया जाता है। सिर को वी–आकार के स्लॉट के साथ हाथ से खींचकर हटाया जा सकता है या किसी यांत्रिक उपकरणों की सहायता ली जा सकती है। घेंघा, श्वासनली और गर्दन को हटाने के लिए कई तरीकों का उपयोग किया जाता है। कैंची की सहायता से शरीर के करीब से गर्दन को काटना होता है, फिर घेंघा और श्वासनली को खींचकर हटा दिया जाता है। फिर गर्दन को चाकू या यांत्रिक उपकरण से काट दिया जाता है।

कुछ विकसित देशों में, विशेष रूप से संयुक्त राज्य अमेरिका और यूरोप में, मुर्गों के शवों को आंत के साथ क्षेत्रीय बाजारों में बेचा जाता है जिसे ''न्यूयॉर्क ड्रेस्ड'' कहा जाता है। संयुक्त राज्य में पहले सभी पक्षियों के शव को इस तरह से बेचा जाता था और अभी भी इसे विशेष धार्मिक–हत्या छूट के तहत यूएसडीए अनुमति देता है।

धुलाई

वध प्रक्रिया में विभिन्न बिंदुओं पर शव धुलाई की जा सकती है। लेकिन आमतौर पर शव के शीतलीकरण से पहले है, इसे अंदर और बाहर से धोया जाता है। ठंडा होने के बाद धोने से शव की सतह से सूक्ष्मजीवों की संख्या में भी कमी आती है। प्रसंस्करण इकाई आमतौर पर धोने के लिए बड़े पाईप का उपयोग करते हैं। छोटे और बड़े इकाई खाद्य–श्रेणी की पाईप और स्प्रेयर का उपयोग करते हैं। बड़े इकाइयों में शव की सतह से सूक्ष्मजीवों की संख्या कम करने के लिए पानी का उपयोग करते हैं।

शीतलीकरण

सूक्ष्मजीवों के विकास को धीमा करने के लिए शवों के तापमान को कम करना आवश्यक है। मुर्गी के शवों के शीतलीकरण की चर्चा अलग अनुभाग में की गई है।

पैकिंग

शवों के समुचित ठंडा होने के बाद पैकिंग किया जाता है। शीतलीकरण की सुविधा के आभाव में कुछ उद्यमी पक्षियों को वध के तुरंत बाद ताजा बेचते हैं। इसके लिए वे आमतौर पर प्लास्टिक की थैली में चिकन को डालकर सील व वजन करते हैं। बैग के बाहर एक मार्कर द्वारा चिह्नित करना सरल हो सकती है। उपभोक्ताओं को ताजे मुर्गे को छह दिनों के भीतर खाना या फ्रीज करना होगा। अलग–अलग मुर्गे के शव को फिल्म पैकेजिंग प्रणाली द्वारा सिकोड़कर भी पैक किया जा सकता है जिसमें शवों को सिकुड़ने योग्य फिल्म के साथ लपेटा जाता है, पक्षियों को तब तक गर्म पानी में डुबोते हैं या गर्म हवा की सुरंग में पास करते हैं जब तक कि ऊपर लगी फिल्म सिकुड़ न जाए। उदाहरण के लिए, क्रायोबैक बैग जो गर्मी के संपर्क में आने पर सिकुड़ जाते हैं। पैकेट से हवा को निर्वात पम्प द्वारा भी खाली किया जा सकता है। इस तरह के मशीन पहले पैकेट में उपस्थित हवा को खिंच लेते हैं एवं इन्हें तुरंत बंद कर दिया जाता है जिससे पुनः हवा अंदर प्रवेश नहीं करे। इस तरह से पैक्ड मुर्गे के मांस की भण्डारण क्षमता लगभग 5–12 दिनों का होता है।

अलग–अलग पैकेजिंग के अलावा, कुछ उद्यमी प्लास्टिक क्रेट में बर्फ पर पक्षियों के शव को रखकर पैक करते हैं। बड़े इकाइयों में, मांस को सूखे ट्रे पैक

या थोक आइस पैक में पैक किया जाता है। सूखे ट्रे पैक में पक्षी को एक स्टायरोफोम ट्रे के सतह पर रखा जाता है, जिसे प्लास्टिक की फिल्म के साथ लपेटा जाता है और गरम कर सील किया जाता है। उत्पाद को खराब होने से बचने के लिए केवल शीर्ष चौथाई इंच मांस को जमाया जाता है ("क्रस्ट फ्रोजन")। इनकी भण्डारण क्षमता –2.2 डिग्री सेल्सियस पर 21 दिन है। थोक बिक्री और रेस्तरां सप्लाई के लिए मांस को 40 और 70 पाउंड के बक्से में पैक कर ऊपर से बर्फ से ढंक दिया जाता है। बक्से में जल निकासी हेतु नीचे छिद्र होते हैं। इस बक्से में मांस को 39 डिग्री फारेनहाइट से कम तापमान पर संग्रहित करने पर इसे 7 दिनों तक सुरक्षित रख सकते हैं। बड़े प्रंसंस्करण इकाइयों में मांस को ज्यादा दिनों तक सुरक्षित रखने के लिए संशोधित वातावरण पैकेजिंग (एमएपी) का उपयोग किया जाता है। थोक पैकेजिंग में कार्बन डाइऑक्साइड बर्फ का उपयोग कर भण्डारण क्षमता को 14–21 दिनों तक बढ़ाया जा सकता है एवं इस प्रकार के पैकेजिंग में पानी टपकने की संभावना भी नहीं होती है। हालांकि, कार्बन डाइऑक्साइड के साथ काम करना खतरनाक हो सकता है। अन्य गैसों जैसे नाइट्रोजन और ऑक्सीजन के मिश्रण का उपयोग भी किया जा सकता है जिसे पैकेट के अंदर की हवा को निकाल कर आवश्यकतानुसार इन गैसों के मिश्रण को भर दिया जाता है। इस प्रकार मांस की भण्डारण अवधि 0 से –2.22 डिग्री सेल्सियस तापमान पर 28 दिनों तक बढ़ाई जा सकती है।

भंडारण

मुर्गों के मांस को 4 डिग्री सेल्सियस तापमान पर अधिकतम 7 दिनों तक रखा जा सकता है। हालांकि यह सलाह दी जाती है कि प्रशीतन भंडारण के 5 दिनों के भीतर मांस को पका कर सेवन किया जाना चाहिए, यदि ऐसा नहीं कर सकते तो मांस को –18 डिग्री सेल्सियस पर फ्रीज में भंडारित किया जाना चाहिए।

□□□

अध्याय–2

कुक्कुट मांस का संरक्षण

शीतलीकरण

शीतलीकरण मांस की भण्डारण आवधि को बढ़ाने की एक प्रक्रिया है। शीतलीकरण का मूल उद्देश्य शव की गर्मी को खत्म करना और सूक्ष्मजीवों की वृद्धि को मंद करना है जिसके लिए ताजे शवों के लगभग 37 डिग्री सेल्सियस तापमान को 7 डिग्री सेल्सियस के नीचे तक तेजी से कम करना होता है। शीतलक के रूप में पानी, हवा, ठोस कार्बन डाइऑक्साइड, तरल नाइट्रोजन आदि का इस्तेमाल कर शवों को ठंडा किया जा सकता है। मुर्गों के शवों को बर्फ के टुकड़े या पिघलती हुई बर्फ का इस्तेमाल कर ठंडा किया जा सकता है। इस कार्य हेतु बड़े इकाइयों में द्रुतशीतक (चीलर) लाइन का भी इस्तेमाल किया जाता है। पिघलती हुई बर्फ का इस्तेमाल करते समय इसे लगातार हिलाते रहने के लिए परिसंचारी पंप या कांप्रेस्ड एयर का उपयोग किया जा सकता है। ज्यादातर व्यावसायिक प्रतिष्ठानों में पानी और बर्फ या हवा के मिश्रण का इस्तेमाल शीतलक के रूप में किया जाता है। यूएसडीए के नियमों के अनुसार शव का आंतरिक तापमान कम से कम 40 डिग्री फारेनहाइट (5 डिग्री सेल्सियस) तक लेन हेतु समय के मानक इस प्रकार हैं: 4 घंटे (1.6 किग्रा ब्रॉयलर के लिए), 6 घंटे (1.6 से 3.5 किग्रा), और 8 घंटे (टर्की के लिए)। यूएस में ठंडा पानी में शव को डुबोकर ठंडा करने की प्रक्रिया सबसे आम तरीका है। प्रारंभिक शीतलीकरण के लिए ठंडे पानी का उपयोग संतोषजनक है, लेकिन आमतौर पर शव को 40 डिग्री फारेनहाइट तक ठंडा करने के लिए पर्याप्त नहीं होता है। लेकिन अत्यधिक तेजी से ठंडा करने पर मुर्गों की मांसपेशियों में सिकुड़न आ जाती है और परिणामस्वरूप मांस कठोर हो जाता है। अतः शीतलक प्रणाली का चयन करते समय कुछ कारकों पर विचार करने की आवश्यकता होती है।

कुक्कुट के शव के शीतलीकरण हेतु शीतलक प्रणाली की तीन मूल आवश्यकताएं हैं: शव को तेजी से ठंडा करना, आर्थिक रूप से सस्ता और उपयोग में आसानी। सामान्यतः शीतलक माध्यम के रूप में ठंडी हवा इस्तेमाल किया जाता है लेकिन ठंडे पानी या पिघलती बर्फ (पानी और बर्फ के मिश्रण 50:50) में शव को डुबो कर ठंडा करने की प्रक्रिया को व्यापक रूप से स्वीकार किया गया है।

डुबाकर शीतलीकरण करने की विधि

शवों को ठंडे पानी में एक निश्चित अवधि के लिए डुबोया जाता है ताकि प्राकृतिक रूप से सूखा मांस ठंडे पानी से संतृप्त हो जाए और शवों के कुछ हिस्सों में हवा की जगह पानी ले सके। इस विधि का वर्गीकरण इस प्रकार से किया जा सकता हैः अचल जल शीतलीकरण (एक के बाद एक खींचते हुए या समूह में) और यांत्रिक बिधि से जल को हिलाते हुए शीतलीकरण (शव को उलट पलट कर या हिलता हुआ टैंक में शीतलीकरण)। दूसरी विधि एक तरह से डुबाकर शीतलीकरण करने की विधि का संशोधित रूप है। मुर्गे के शवों को शीतलीकरण हेतु ठंडे पानी में लगभग 1–24 घंटों तक डुबाकर रखने की आवश्यकता होती है एवं यह कुक्कुट की प्रजाति, आकार, वजन और शीतलीकरण की विधि पर निर्भर करता है। इस प्रक्रिया के दौरान पक्षी का शव शीतलीकरण टैंक से पानी सोखता है और यह पक्षियों के शव द्वारा पानी में बिताए गए समय के आनुपातिक होता है।

अचल जल शीतलीकरणः

क) समूह शीतलीकरणः इस विधि में सिर्फ कुचली हुई बर्फ या कुचली हुई बर्फ और पानी के मिश्रण का उपयोग किया जाता है। सिर्फ कुचली हुई बर्फ की तुलना में कुचली हुई बर्फ और पानी का मिश्रण शव को तेजी से की ठंडा करता है क्योंकि शव पूरी तरह से ठंडा होने वाले माध्यम में डूब जाते हैं। तुलनात्मक रूप से यह विधि धीमी है क्योंकि शव को शीतलक में कुछ घंटों तक रखना पड़ता है जिसके बाद पैकेजिंग की जा सकती है। हालाँकि, शीतलीकरण टैंक के तल में एक छिद्रयुक्त पाइप के द्वारा हवा को ऊपर की दिशा धकेलते हुए ठंडे पानी को हिलाकर शीतलीकरण समय को कम किया जा सकता है।

ख) शव को खिंचते हुए शीतलीकरण (ड्रैगचिलिंग): इसमें दो शीतलक माध्यम से भरी टैंक का इस्तेमाल होता है जिसके ऊपर से पाईप से लटकते हुए मुर्गों के शव को पास कराया जाता है। टैंक का आकार शवों को ठंडा करने की दर पर निर्भर करता है। पहले टैंक में पानी का तापमान लगभग 40 डिग्री फारेनहाइट रखा जाता है एवं इसकी लम्बाई 50 फीट होती है। दूसरा टैंक एस आकार की 200 फीट लम्बी होती है एवं इसमें पानी का तापमान 32–33 डिग्री फारेनहाइट रहता है।

डुबाकर शीतलीकरण करने की प्रक्रिया खासकर समूह में या एक के बाद एक खींचते हुए शीतलीकरण के दौरान शवों में तथा एक शव से दूसरे शव में संदूषण की संभावना अधिक होती है। बर्फ के पानी को लगातार परिवर्तित कर संदूषण को कम किया जा सकता है लेकिन इस प्रक्रिया में शीतलीकरण की लागत बढ़ जाती है। शवों के शीतलीकरण से पहले धुलाई के दौरान पानी में क्लोरीन जैसे जीवाणुनाशक का उपयोग कर शव के सतह पर सूक्ष्मजीवों की संख्या को कम किया जा सकता है। इस प्रकार शीतलीकरण के दौरान शीतलक माध्यम से शवों के संदूषण को रोका जा सकता है। ठंडा पानी में 20 पीपीएम क्लोरीन या 3 पीपीएम क्लोरीन डाइऑक्साइड की सांद्रता रखने से शवों से सूक्ष्मजीवों की संख्या का स्तर काफी कम हो जाता है, जबकि 34 पीपीएम क्लोरीन या 5 पीपीएम क्लोरीन डाइऑक्साइड की सांद्रता वाले पानी से तो सूक्ष्मजीवों की संख्या तो लगभग समाप्त ही हो जाती है।

छिड़काव शीतलीकरण (स्प्रे चिलिंग)

ठंडे पानी के छिड़काव से मुर्गों के शव को ठंडा करने की प्रक्रिया को स्प्रे चिलिंग कहा जाता है। यह विधि डुबाकर शीतलीकरण करने की विधि का एक वैकल्पिक रूप माना जा सकता है। इस विधि में शव के तापमान को 17 डिग्री सेल्सियस तक कम करने के लिए औसतन 6 लीटर ठंडे पानी की आवश्यकता होती है। इस प्रकार इस विधि के उपयोग में दो चुनौतियां आ सकती हैं: उत्पाद का उच्च तापमान और पानी की ज्यादा खपत। पानी की ज्यादा खपत से उत्पादन खर्च बढ़ जाता है। इसके अलावा ठंडा पानी के प्रदूषण नियंत्रण हेतु पर्याप्त उपाय भी करने पड़ते हैं। नोजल स्प्रे का इस्तेमाल करने पर भी प्रति पक्षी लगभग एक से तीन लीटर पानी की खपत होती है जो पर्यावरणीय समस्या के साथ साथ लाभदायक भी नहीं है। इस प्रक्रिया में शव का वजन लगभग 1.3 प्रतिशत बढ़ता है जो कि डुबाकर शीतलीकरण करने की विधि (8–12 प्रतिशत) की तुलना में बहुत कम है। धीरे–धीरे तापमान में कमी से शव कुछ जल अवशोषित कर लेता है। ज्यादातर पानी का अवशोषण त्वचा में होता है और मांस में नहीं जाता है। शीतलीकरण के दौरान ठंडे पानी के प्रभाव से त्वचा पर उपस्थित छिद्र बंद हो जाते हैं और त्वचा द्वारा पानी का अवशोषण भी कम हो जाता है। कुक्कुट मांस के ट्रे पैकिंग में 8 प्रतिशत और थोक पैकेजिंग में 12 प्रतिशत पानी अवशोषण की अनुमति है, लेकिन ब्रॉयलर में आमतौर पर 6 प्रतिशत पानी होता है। स्प्रे चिलिंग से ब्रायलर शवों पर सूक्ष्मजीवों की संख्या घाट जाती है जिससे इस मांस की भण्डारण क्षमता

बढ़ जाती है। स्प्रे चिलिंग के दौरान जब कोई शव अत्यधिक संदूषित शवों से सटा होता है तो उसमे संदूषण की सम्भावना बढ़ जाती है।

हवा द्वारा शीतलीकरण (एयर चिलिंग)

इस विधि में शवों को रैक पर लटका दिया जाता है और एक कमरे में ले जाया जाता है जिसका तापमान 0 डिग्री सेल्सियस के आसपास होता है। शवों के ऊपर धीरे–धीरे ठंडी हवा छोड़ते हैं जिससे पक्षियों के मांस का तापमान कम हो जाता है। सामान्य तौर पर इस विधि द्वारा शवों को ठंडा करने में 40 मिनट से 12 घंटे का समय लग सकता है जो शव के वजन और ठंडी हवा के तापमान और उसके गति पर निर्भर करता है। इस प्रकार प्रारंभिक शीतलीकरण की प्रक्रिया के बाद शव का तापमान 10 डिग्री सेल्सियस से ऊपर नहीं होना चाहिए।

एयर चिलिंग सिस्टम का उपयोग यूरोप में होते आ रहा है, जहां शवों का नरम स्केल्डिंग किया जाता है। हालांकि, रंग बिगाड़ने एवं निर्जलीकरण की समस्या के कारण इस प्रक्रिया से ठंडा किए गए मुर्गों के शव जमाया जाने हेतु बहुत उपयुक्त नहीं होते हैं। संयुक्त राज्य में लगभग 90 प्रतिशत पक्षियों के शवों को ताजा बेचा जाता है एवं अधिकांश भाग में एयर चिलिंग प्रक्रिया का इस्तेमाल बंद कर दिया गया है। आमतौर पर एयर चिलिंग के सुरंग में दो खंड होते हैं। पहले खंड में शुष्क गर्म हवा का संचारण करते हैं जो शव के सतह से नमी को हटा देती है, इस प्रकार सूक्ष्मजीवों के वृद्धि को रोकती है। दूसरे खंड में शवों को ठंडा करने के लिए 0 डिग्री सेल्सियस या उससे कम तापमान पर हवा का संचारण लगभग 1 घंटे तक किया जाता है। एयर चिलिंग की प्रक्रिया से ठंडा किये जाने वाले पक्षियों को कम तापमान (नरम स्केल्ड, 52 डिग्री सेल्सियस) पर स्केल्ड किया जाता है। उच्च तापमान पर स्केल्ड (उप–स्केल्ड, 60 डिग्री सेल्सियस) किया गए शवों के त्वचा से एक छल्ली हट जाती है जिसके परिणामस्वरूप एयर चिलिंग की प्रक्रिया के दौरान शवो के त्वचा का रंग बिगड़ जाता है। शवों के सूखने के कारण इसके वजन में 1 से 8 प्रतिशत तक कमी हो सकती है।

प्राशीतनी शीतलीकरण (क्रायोजेनिक चिलिंग)

संपर्क शीतलक के रूप में तरल नाइट्रोजन और ठोस कार्बन डाइऑक्साइड गैसों का विशेष उपयोग कर शवों को ठंडा करने की प्रक्रिया को प्राशीतनी शीतलीकरण या क्रायोजेनिक चिलिंग कहा जाता है। कुक्कुट शवों को ठंडा करने हेतु इस विधि में उपयोग किए जाने वाले शीतलक का व्यावसायिक उपयोग

हालांकि तार्किक नहीं है लेकिन अभी भी इस क्षेत्र में अनुसंधान जारी है। इस विधि में मुर्गों के शवों द्वारा पानी के अवशोषण की समस्या नहीं होती है। तरल नाइट्रोजन या कार्बन डाइऑक्साइड के उपयोग से ठंडा किये गए शवों पर सूक्ष्मजीवों की संख्या का भी गहन अध्ययन नहीं किया गया है। इन शीतलक का उपयोग शवों को ठंडा करने के बजाय इन्हें जमाने हेतु संपर्क शीतलक के रूप में अधिक किया जाता है।

मांस को जमाना

भारत में उपभोक्ताओं को ताजा मांस खरीदने की आदत है जिसके कारण लगभग 95 प्रतिशत कुक्कुट का मांस वध के तुरंत बाद बेच दिया जाता है। कुक्कुट के मांस का भण्डारण 7 दिनों तक 5 डिग्री सेल्सियस पर एवं 4–6 महीने तक –18 डिग्री सेल्सियस पर किया जा सकता है। इसलिए दीर्घकालिक भंडारण हेतु मांस को जमाना इसके संरक्षण का उत्कृष्ट तरीका माना जाता है। मुर्गी का मांस –2 से –2.5 डिग्री सेल्सियस के नीचे के तापमान पर जमना शुरू हो जाता है। अन्य संरक्षण विधियों की तुलना में इस विधि से संरक्षित मांस के गुणवत्ता में कम अवांछनीय परिवर्तन होता है। जमे हुए कुक्कुट मांस की संवेदी गुणवत्ता लगभग 6 महीने तक बरकरार रहती है परन्तु इसके बाद इसमें विकृत गंध आ सकती है। हालांकि जमे हुए मांस की गुणवत्ता उसके ठंडा करने के दर, भंडारण अवधि और फ्रीजर भंडारण की स्थिति जैसे कि तापमान, आर्द्रता और उपयोग की जाने वाली पैकेजिंग सामग्री पर निर्भर करती है।

मांस को जमाने के तरीके

i) स्टिल एयर फ्रीजिंग (होम फ्रीजर): इस विधि में ठंडा हवा गर्मी हस्तांतरण माध्यम का कार्य करता है। इसमें मांस की गर्मी संवहन विधि द्वारा हस्तांतरित होती है और मांस धीरे–धीरे जमता है। घरेलू रेफ्रिजरेटर इसी सिद्धांत पर काम करती है। अधिकांश व्यावसायिक प्रतिष्ठानों द्वारा इस विधि से जमाए गए मांस का तापमान –10 से –30 डिग्री सेल्सियस होता है।

ii) प्लेट फ्रीजिंग: इस विधि में गर्मी हस्तांतरण माध्यम के रूप में हवा के बदले धातु का उपयोग होता है। मांस के पतले टुकड़े जैसे टिक्का, चाप, पुठ्ठे का मांस, पैटीज इत्यादि को सीधे धातु की फ्रीजर प्लेटों या पट्टी के संपर्क में रखा जाता है जिससे मांस की गर्मी चालन विधि द्वारा कम हो जाती है।

अधिकांश व्यावसायिक प्रतिष्ठानों में प्लेट फ्रीजर का तापमान लगभग –10 से –30 डिग्री सेल्सियस तक होता है।

iii) एयर ब्लास्ट फ्रीजिंग (पर्यायवाचीः –क्विक फ्रीजिंग, फास्ट फ्रीजिंग, शार्प फ्रीजिंग): इस विधि का उपयोग अधिकांश व्यावसायिक प्रतिष्ठानों किया जाता है जिसमे मांस और मांस उत्पादों को ठंडा करने व जमाने हेतु एक कमरे या सुरंग में ठंडी हवा का प्रवाह पंखे की सहायता से किया जाता है जो काफी तेजी से इन्हें जमा देती है। उच्च हवा के वेग से खुले मांस उत्पादों में फ्रीजर बर्न की अवस्था आ सकती है एवं इसकी लागत भी ज्यादा बढ़ जाती है। ब्लास्ट फ्रीजर में वायु का वेग लगभग 30 से 1070 मीटर प्रति मिनट एवं तापमान लगभग –10 से –40 डिग्री सेल्सियस होता है। हालाँकि, वायु का वेग 760 मीटर प्रति मिनट और –30 डिग्री सेल्सियस तापमान सबसे ज्यादा व्यावहारिक और किफायती मन जाता है एवं यह मानक अधिकांश व्यावसायिक प्रतिष्ठानों में उपयोग किया जाता है।

iv) तरल विसर्जन या स्प्रेः तरल विसर्जन या स्प्रे को फ्रीजिंग पोल्ट्री के लिए सबसे अधिक इस्तेमाल किया जाने वाला वाणिज्यिक तरीका है। इस विधि में पहले उत्पादों को प्लास्टिक की थैलियों में पैक किया जाता है, फिर उन्हें पैलेट या रैक पर एक के ऊपर एक रख दिया जाता है, इसके बाद इन्हें या तो हिमकारी तरल में डुबोया जाता है या इन्हें इस तरल से हो कर गुजारा जाता है। उपयोग किए जाने वाले हिमकारी तरल में निम्नलिखित विशेषताएँ होनी चाहिए– गैर–विषैले, अपेक्षाकृत सस्ता, कम चिपचिपापन, कम हिमांक और उच्च चालकता। इसके लिए सोडियम क्लोराइड का घोल, ग्लिसरॉल और ग्लाइकोल जैसे पॉलीप्रोपाइलीन ग्लाइकोल का व्यापक रूप से उपयोग किया जाता है। नमकीन पानी के उपयोग से धातु के टैंक और उपकरणों में जंग की समस्या आती है। इस विधि से जूड़ी एक और समस्या यह है कि मांस के पैकेट में अगर कोई छिद्र हो तो पैकेट में तरल का रिसाव हो जाता है। उत्पादों को पुनः धोने और पैक करने की आवश्यकता होती है।

v) क्रायोजेनिक फ्रीजिंगः इस विधि में आमतौर पर संघनित या द्रवीभूत गैसों का उपयोग कर बहुत कम तापमान पर फ्रीजिंग किया जाता है। उत्पादों को हिमकारी तरल में डुबोकर, या छिड़काव, या उत्पाद को प्रशीतनी वाष्प में पास कराकर फ्रीजिंग का कार्य पूरा किया जा सकता है। उत्पादों के अत्यधिक बिखरने या टूटने के कारण मांस के बड़े टुकड़ों को कभी भी

सीधे तरलीकृत गैसों में नहीं डुबोया जाता है। अपेक्षाकृत छोटे आकार के मांस उत्पादों जैसे पैटीज, मांस के टुकरों पर तरल नाइट्रोजन या तरल कार्बन डाइऑक्साइड का छिड़काव कर इन्हें तेजी से जमाया जा सकता है। इस विधि द्वारा जमे हुए मांस उत्पादों की गुणवत्ता उत्कृष्ट होती है। भंडारण के तापमान को और कम करके जमे हुए उत्पादों की भंडारण अवधि को बढ़ाया जा सकता है। हालांकि अपेक्षाकृत कम तापमान सूक्ष्मजीवों के विकास को बाधित कर सकता है, लेकिन इस तापमान पर भी मांस में कुछ रासायनिक और अवक्रमणशील परिवर्तन होते हैं। भंडारण तापमान –80 डिग्री सेल्सियस कर अधिकांश रासायनिक परिवर्तनों को रोका जा सकता है लेकिन यह आर्थिक दृष्टि से उपयोगी नहीं है। कुक्कुट मांस को क्रमशः 2, 4, 8 और 10 महीने के लिए 12, –18, –24 और –30 डिग्री सेल्सियस तापमान पर फ्रीजिंग कक्ष में रखा जा सकता है।

मांस को जमाने की अनुपयुक्त प्रक्रिया से जुड़ी समस्या

1) हड्डी का काला पड़नाः कम उम्र मुर्गियों विशेषकर ब्रायलर मांस को जब जमाया एवं हिमद्रवण किया जाता है तो हड्डियों का काला पड़ना या रंग–परिवर्तन जैसे विकार देखे जा सकते हैं, लेकिन ज्यादा उम्र के मुर्गियों के शवों में यह नहीं देखा गया है। इस प्रकार का विकार टर्की, बत्तख और गीज के शवों में नहीं देखा गया है। जमाने एवं हिमद्रवण के बाद मांस को पकाने से पहले हड्डियों से सटे मांसपेशियों वाले क्षेत्र खून जैसे लाल दीखते हैं। इस तरह का विकार जांघ के आसपास, घुटनों के जोड़, पंख के दूसरे जोड़ और कभी–कभी पीठ या सीना के कुछ भाग में भी देखा गया है। यह विकार छिद्रयुक्त हड्डी के मज्जा से हीमोग्लोबिन व मायोग्लोबिन के बाहर आने के कारण होता है। मांस को पकाने के समय गर्म करने पर बहार आए हीमोग्लोबिन व मायोग्लोबिन के ऑक्सीकरण पश्चात मेटहीमोग्लोबिन/सल्फमायोग्लोबिन बनता है जिससे हड्डियों एवं आसपास की मांसपेशियां गहरे भूरे या काले रंग की दिखने लगती हैं। हड्डी का काला दिखना अवांछनीय है लेकिन यह पके हुए मांस के स्वाद, गंध या बनावट को प्रभावित नहीं करता है। अगर मांस को जमाने से पहले थोरा पका दिया जाए तो हड्डियों के काले होने की समस्या बहुत कम हो जाती है।

2) फ्रीजर बर्न : यह समस्या मुख्य रूप से मांस को धीमी गति से जमाने से होता है। इसमें खुले या अनुचित पैकिंग वाले जमे मांस की सतह पर भूरे या एम्बर

रंग के धब्बे देखे जा सकते हैं जो बर्फ के कणों के वाष्प बनकर उड़ने से बने खंड द्वारा प्रकाश की किरणों के छितराव के कारण दिखता है। जमे हुए मांस में इस तरह के विकार अपरिवर्तनीय होते हैं एवं ऐसे मांस को पकाने पर मांस काफी सख्त हो जाता है और इसमें रस की भी कमी होती है।

3) द्रव्य ह्लास (ड्रिप): जमे हुए मांस के पिघलने पर तरल पदार्थ के निकास को ड्रिप कहा जाता है। इसमें प्रोटीन, पेप्टाइड्स, अमीनो अम्ल, लैक्टिक अम्ल, प्यूरीन, बी–समूह के विटामिन और विभिन्न लवण शामिल हैं। मांस से तरल निष्कासन इसे जमाने की प्रणाली एवं मांसपेशियों के पानी रोकने की क्षमता पर निर्भर करता है, इस प्रकार निष्कासित द्रव की मात्र का भी पता चलता है। द्रव्य ह्लास (ड्रिप हानि) को प्रभावित करने वाले अन्य महत्वपूर्ण कारकों में मांस के टुकड़ों का आकार और बनावट, मांसपेशी फाइबर अक्ष के संबंध में कट सतह का अभिविन्यास, बड़े रक्त वाहिकाओं की व्यापकता और विगलन कक्ष में विगलन या संक्षेपण की प्रवृत्ति शामिल हैं।

तालिका: तेज गति और धीमी गति से जमाने की प्रक्रिया में अंतर

क्र.सं.	तेज गति से जमाना	धीमी गति से जमाना
1.	बर्फ के छोटे कण का बनना	बर्फ के बड़े कण का बनना
2.	उपापचय क्रिया को धीमी या बंद करता है	चयापचय संबंध को तोड़ता है
3.	प्रतिकूल घटकों के सांद्रता का कम प्रभाव	प्रतिकूल व हानिकारक कारकों का ज्यादा जोखिम
4.	कम तापमान हेतु कोई रूपांतरण नहीं	क्रमिक रुपान्तरण
5.	ऊष्मीय आघात	कोई तापीय आघात प्रभाव नहीं
6.	सूक्ष्मजीव रवा के रूप में जम जाते हैं	विलेय की सांद्रता का लाभदायक प्रभाव
7.	अन्तः चयापचय असुंतलन से बचना	–

मुर्गे के मांस को सुखाना

मुर्गे के मांस से नमी को हटाने के लिए विभिन्न विधियों का उपयोग किया जाता है जिनमें शीत–निर्जलीकरण (फ्रीज–डिहाइड्रेशन), गर्म रोलर्स द्वारा निर्जलीकरण, फुहार निर्जलीकरण (स्प्रेड्राइंग), गरम भट्ठी द्वारा निर्जलीकरण (ओवन ड्राइंग) या गर्म खाद्य तेल द्वारा निर्जलीकरण शामिल है। शीत–निर्जलीकरण विधि द्वारा मुर्गे के मांस को सुखाने हेतु मांस को पहले फ्रिज में रखकर जमाया जाता है, तत्पक्ष्चात इसे एक निर्वात कक्ष में रखा जाता और फिर इस कक्ष के तापमान को

धीरे–धीरे बढ़ाया जाता है ताकि निर्जलीकरण के दौरान मांस का तापमान पानी के ट्रिपल बिंदु के पास रखी जाए। पानी का ट्रिपल बिंदु वह बिंदु है जहां सैद्धांतिक रूप से तापमान और दबाव की स्थिति ऐसी होती है कि पानी एक ठोस, तरल या गैस के रूप में मौजूद हो सकता है। इस बिंदु पर मांस जमे हुए अवस्था में होते हैं और नमी हटाने हेतु न्यूनतम ऊर्जा की आवश्यकता होती है। नमी ठोस बर्फ की अवस्था से सीधे गैसीय अवस्था में बदल जाती है और प्रक्रिया को उर्ध्वपातन कहा जाता है। इस विधि द्वारा सुखाये गए उत्पादों में कई वांछनीय विशेषताएं होती हैं। उन्हें प्रशीतन के बिना संग्रहित किया जा सकता है, वे वजन में हल्के होते हैं, और इनकी दिखावत एवं स्वीकार्यता अन्य विधि से सुखाये गए उत्पादों की तुलना में बेहतर होती है। पारंपरिक विधि से सुखाये गए उत्पादों की तुलना में फ्रीज–ड्राइंग उत्पादों के कई फायदे हैं–

1. ताप के प्रभाव के खराब होने वाले खाद्य घटकों में न्यूनतम परिवर्तन होता है।
2. वाष्पशील यौगिकों का नुकसान कम होता है। पुनर्जलीकरण करने पर उत्पाद का स्वाद पुनः लौट जाता है।
3. उत्पाद अपनी मूल स्थिति को बरकरार रखता है क्योंकि ऊतकों से नमी ठोस अवस्था में ही निकल जाती है।
4. उत्पाद जमे होते हैं, इसलिए कोई झाग उत्पन्न नहीं होता है।
5. जमावट कम से कम होता है, जीवाणु विकास और एंजाइमैटिक परिवर्तन मंद हो जाते हैं और पृष्ठ/सतह कठोरण भी नहीं होता है।

शीत–निर्जलीकरण (फ्रीज–डिहाइड्रेशन) से जुड़ी समस्याएँ

पारंपरिक तरीकों की तुलना में शीत–निर्जलीकरण विधि द्वारा सुखाए गए उत्पादों की गुणवत्ता बेहतर होती है परन्तु खाद्य पदार्थों के बड़े सतह क्षेत्रों की वजह से इस तरह के उत्पादों में लिपिड ऑक्सीकरण एक बड़ी समस्या है। प्रकाश प्रतिधारण को रोकने के लिए उत्पादों का पैकेजिंग अपारदर्शी पैकेज में किया जाता है लेकिन यह ऑक्सीकरण को नहीं रोकता है। एंटीऑक्सीडेंट के इस्तेमाल से केवल सतह पर ऑक्सीकरण को मंद कर सकते हैं। ऑक्सीकरण कण करने के लिए पैकेज से ऑक्सीजन को निकलना एकमात्र प्रभावी तरीका है। यह भी पाया गया है कि सुखाने पर प्रोटीन में संरचनात्मक परिवर्तन होता है जिससे मांसपेशियों

की तंतुएं सख्त हो जाती हैं और जलधारण क्षमता भी कम हो जाती है। सूखे कुक्कुट मांस में तीन प्रतिशत से अधिक नमी इसे तेजी से खराब कर देता है।

कुक्कुट मांस हेतु कुछ अन्य निर्जलीकरण विधि

चिकन सूप पाउडर बनाने में निर्जलीकरण तकनीकी के रूप में फुहार निर्जलीकरण (स्प्रे ड्राइंग) विधि का अत्यधिक उपयोग किया जाता है। बहुत महीन बनाये गए मांस कीमा का उपयोग सुविधाजनक खाद्य उत्पादों में किया जाता है और इस कीमे को परात या थालियों पर पतली परतों के रूप में फैलाकर गरम भट्ठी (ओवन ड्राइंग) या गर्म रोलर का इस्तेमाल कर निर्जलीकरण किया जा सकता है।

उपचारण और धूमन (Curing and Smoking)

कुक्कुट मांस के संरक्षण हेतु नमक, चीनी, सोडियम नाइट्राइट, सोडियम एस्कॉर्बेट आदि का उपयोग देश में सदियों से किया जा रहा है। नमक स्वाद को प्रभावित करने के साथ–साथ मांस के सूखने और सख्त होने करने की प्रक्रिया में भी मदद करता है। कुछ नमक जैसे सोडियम नाइट्राइट के उपयोग से मांस में वांछित गुलाबी रंग की भी प्राप्ति होती है। नाइट्रेट्स मांस में पाए जाने वाले हीमोग्लोबिन के साथ प्रतिक्रिया कर नाइट्रोसोहामोग्लोबिन बनाता है। इन सामग्रियों को मांस पर कांटे की सहायता से, मांस की सतह पर रगड़कर या इसे घोल के रूप में इस्तेमाल किया जा सकता है। पक्षी के पूरे शव या मांस के बड़े टुकड़े के लिए सामग्रियों के मिश्रण को घोल के रूप में इस्तेमाल करते हैं और इसमें मांस को डुबोया जाता है या पम्प का उपयोग कर छोटे–छोटे छिद्रों द्वारा मांस में इस घोल को डाला जाता है। मांस के भीतरी हिस्से में इन सामग्रियों के प्रवेश होने तक शव को घोल में डुबोकर रखा जाता है। मांस के अन्दर घोल के समान एवं प्रक्रिया में तेजी सुनिश्चित करने के लिए दबाव पंप का उपयोग किया जा सकता है। टांके की प्रक्रिया में एक पंप से जुड़ी खोखली सुइयों के समूह को मांस में डाल दिया जाता है एवं घोल को दबाव पम्प से डाला जाता है ताकि इसे पूरे ऊतक में वितरित किया जा सके।

धूमन हेतु कुछ महत्वपूर्ण तथ्यः

मांस का धूमन अक्सर उपचारण के साथ किया जाता है, और यह देखा गया है कि सभी धूमित मांस उत्पाद उपचारित होते हैं लेकिन सभी उपचारित उत्पादों

का धूमन नहीं किया जाता है। धूमन हेतु मांस की उच्च गुणवत्ता के साथ–साथ इस पर वसा की एक अच्छी परत होनी चाहिए मगर ज्यादा वसा होने पर धूमन की प्रक्रिया के दौरान मांस में सिकुड़न की समस्या आ सकती है। अगर शव मान्शल नहीं हो एवं इसपर वसा की एक परत नहीं हो तो धूमन पश्चात मांस सूखा एवं कठोर दिखता है। वैसे शव जिस पर अत्यधिक छीलन के निसान हों या जिन्हें 53 डिग्री सेल्सियस से ऊपर के तापमान पर स्केल्ड किया गया हो, धूमन के लिए उपयुक्त नहीं होते हैं। मुर्गे की टंगड़ी (ड्रमस्टिक्स) से टेंडन को हटाने से मांस में मिश्रण को ठीक से घुसने में मदद मिलती है। कुक्कुट से प्राप्त खाने योग्य अंतरांग (जिब्लेट) का धूमन नहीं किया जाता है। एक किलो से अधिक वजन वाले कुक्कुट शव धुमन के लिए उपयुक्त होते हैं। हल्के और भारी कुक्कुट शवों का भी धुमन किया जा सकता है लेकिन इस तरह के शवों के मांस छोटे पक्षियों की तुलना में ज्यादा कठोर होते हैं, नमी का अधिक नुकसान होता है और उत्पाद कम प्राप्त होता है। दो साल से कम उम्र वाले टर्की शवों का धूमन किया जा सकता है।

मांस के संरक्षण में धुएं की भूमिका

धुआं एंटीऑक्सीडेंट, जीवाणुनाशक, जीवाणुनिरोधी कारक के साथ–साथ उत्पाद की सतह पर एक सुरक्षात्मक परत प्रदान करके मांस को संरक्षित करने में मदद करता है। धुआं में फिनोल सबसे सक्रिय एंटीऑक्सीडेंट यौगिक और फॉर्मेल्डीहाइड प्रमुख जीवाणुनाशक कारक के रूप में पाए जाते हैं। धुएँ में कुछ ऐसे फिनोलिक घटक होते हैं जो धूमित मांस में एक विशिष्ट स्वाद प्रदान करता है। धुआं प्रसंस्कृत मांस के रंग को भी प्रभावित करता है। इस प्रक्रिया में धूमन का समय, तापमान, आर्द्रता और धुएँ का घनत्व महत्वपूर्ण कारक हैं। धूमन के दौरान कम आर्द्रता से उत्पाद के अत्यधिक सूखने एवं सिकुड़ने की सम्भावना रहती है, जबकि उच्च आर्द्रता होने पर उत्पाद मैला दिखता है। धुएं की गुणवत्ता लकड़ी की गुणवत्ता और दहन तापमान पर निर्भर करती है। उच्च दहन/ऑक्सीकरण तापमान पर कठोर लकड़ी से अच्छी गुणवत्ता वाली धुआँ प्राप्त होती है। इससे प्राप्त उत्पाद का रंग गुलाबी से लाल भूरे तक होता है एवं मांस पका, चिकना एवं समान बनावट का होता है और इनकी भंडारण अवधि भी ज्यादा होती है। कठोर लकड़ी या इसके चूर्ण जैसे ओक, हिकोरी, साल में कुछ फॉर्मल्डिहाइड, उच्च एल्डिहाइड, केटोन्स, फॉर्मिक एसिड, एसिटिक और उच्च एसिड, मिथाइल अल्कोहल, टार और पानी होते हैं। सामान्यतः बाजार में उपलब्ध धूमन गृह से प्राप्त धुएँ में फॉर्मेल्डिहाइड 25–40 पीपीएम, उच्च एल्डीहाइड्स 140–180 पीपीएम, फॉर्मिक एसिड 90–125

पीपीएम, एसिटिक और उच्च एसिड 460–500 पीपीएम, फिनोल 20–30 पीपीएम, कीटोन 190–200 पीपीएम और रेजिन 1000 पीपीएम या ज्यादा पाए जाते हैं।

धूमन की प्रक्रिया के दौरान धुएं और गर्मी एक सामान्य स्रोत से या अलग–अलग स्रोतों से उत्पन्न किया जा सकता है। शवों के उपचारण के पश्चात इसे धोकर सुखा लेते हैं, तत्पश्चात धूमन की प्रक्रिया आरम्भ की जाती है और शवों के अंदर का तापमान 68.5 डिग्री सेल्सियस पहुँचने तक इस प्रक्रिया को जारी रखा जाता है। धूमन के दौरान समय और तापमान उत्पाद में वांछित रंग एवं खाना पकाने के दौरान नुकसान आदि पर निर्भर करता है।

कुक्कुट शव के उपचारण एवं धूमन से सम्बंधित कुछ महत्वपूर्ण तथ्यः

1. जमे हुए पोल्ट्री के शव को उपचारण से पहले पिघलना चाहिए, उपचारण के दौरान शव का तापमान लगभग 2 डिग्री सेल्सियस पर बनाए रखा जाना चाहिए।

2. शवों को पैकेट से बाहर निकालकर उपचारण घोल में डालने से यह सुनिश्चित किया जा सकता है कि घोल शवों के अन्दर समान रूप से वितरित हो सकता है।

3. उपचारण के समय को कम करने के लिए पैरों, पंखों और स्तनों के मांस में घोल को पम्प के माध्यम से अन्दर पहुँचाया जा सकता है।

4. शव को उपचारण घोल से हटाने के तुरंत बाद इसे अच्छी तरह से धोया जाना चाहिए या 4–6 घंटे के लिए ठंडे पानी में रखना चाहिए और फिर सुखा लेना चाहिए।

5. खाने हेतु तैयार उत्पाद बनाने के लिए धूमन गृह का तापमान 6–8 घंटे के लिए 72 डिग्री सेल्सियस पर रखना चाहिए तत्पश्चात 85 डिग्री सेल्सियस पर तब तक रखा जाना चाहिए जब तक कि मांस का आंतरिक तापमान 72 डिग्री सेल्सियस तक नहीं पहुंच जाता। इस समय–तापमान सीमा के नीचे मुर्ग–शवों का धूमन करने पर इसे खाने से पहले पकाने की आवश्यकता होती है।

6. धूमित मांस उत्पादों का अधिकतम भण्डारण अवधि –18 डिग्री सेल्सियस पर लगभग 2–4 महीने होता है।

पोल्ट्री मांस का डिब्बाबंदी (कैनिंग)

भारत जैसे उष्णकटिबंधीय देश में पोल्ट्री मांस के मूल्यवर्धन के लिए कैनिंग प्रक्रिया काफी लोकप्रिय है। पूरे पोल्ट्री शव को या हड्डी निकला हुआ मांस या कट–अप भागों का कैनिंग किया जा सकता है। कई विकसित और विकासशील देशों में केन्ड पोल्ट्री मांस जैसे स्ट्यूज, चिकन ए–ला–किंग, चिकन फ्रिकसी, पॉटेड चिकन, चिकन चॉप सुई आदि काफी लोकप्रिय हैं। विभिन्न प्रकार के चिकन सूप केन्ड, निर्जलित और जमे हुए रूपों में भी उपलब्ध हैं। हालांकि पोल्ट्री को विभिन्न रूपों में कैन्ड किया जा सकता है परन्तु उनके प्रसंस्करण चरणों और प्रसंस्करण सामग्रियों में काफी भिन्नता है।

सामान्य तौर पर प्रसंस्करण के दौरान ध्यान देने योग्य कुछ महत्वपूर्ण पहलू इस प्रकार हैं:

1. अच्छी तरह से मांसल, स्वच्छ और उच्च गुणवत्ता वाले पोल्ट्री शव को ही कैनिंग प्रक्रिया के लिए चुना जाना चाहिए।
2. समान आकार और आयु के पोल्ट्री शवों को एक साथ पकाया जाना चाहिए।
3. किसी भी स्थिति में शवों को वैसे वातावरण के संपर्क में नहीं लाया जाना चाहिए जिससे जीवाणुओं के विकास और अपघटन प्रक्रिया को तेज करे। सामान्यतः शवों को ठंडा तापमान पर रखा जाए और पोस्टमार्टम सख्ती के बाद तुरंत प्रसंस्करण किया जाना चाहिए।
4. जमे हुए शवों को केनिंग से पहले प्रशीतन तापमान पर पिघलना चाहिए।
5. स्टेनलेस स्टील से बने बर्तनों एवं उपकरणों का उपयोग किया जाना चाहिए, तांबे या लोहे जैसे धातुओं के संपर्क में आने से मांस के रंग में परिवर्तन हो सकता है।
6. एक ही शोरबा का उपयोग चार बार किया जा सकता है, बशर्ते कि हर बार नया बैच पकाने से पहले वसा को हटा दिया जाए।
7. डिब्बे भरने और सील करने के बाद गंदगी और ग्रीस को हटाने के लिए डिब्बे को अच्छी तरह धोया जाना चाहिए।

पूरे चिकन शव की कैनिंग प्रक्रिया

केन्ड चिकन में आमतौर पर चिकन शोरबा के साथ एक चिकन होता है। लगभग 1.2 किलोग्राम से 1.4 किलोग्राम वजन वाले परिपक्व मुर्गों के शव कैनिंग

के लिए बेहतर होते हैं। छोटे पक्षियों के शव को पकाने की प्रक्रिया के दौरान बिखरने की सम्भावना ज्यादा होती है। कैनिंग हेतु मुर्गे के शव को डिब्बे में भरने से पहले अच्छी तरह से साफ कर गर्दन और गर्दन की त्वचा को हटा दिया जाना चाहिए। इससे प्रसंस्करण के दौरान शरीर की गुहा के माध्यम से बिना किसी रुकावट के ब्राइन घोल का संचालन होता है। शव भार का दो प्रतिशत नमक का इस्तेमाल कर एक घोल बनाया जाता है जिसमें शव को पकाने से पहले डुबोकर रखा जाता है।

टिन के डिब्बे या कम कार्बन स्टील के डिब्बे (टिन–रहित स्टील कैन, टीएसएफ) का उपयोग कैनिंग प्रक्रिया में व्यापक रूप से किया जाता है। खाली डिब्बे को जंग लगने से बचाया जाना चाहिए और भंडारण के दौरान यथासंभव साफ रखा जाना चाहिए। डिब्बे का सम्भालने व उपयोग बहुत ध्यानपूर्वक करना चाहिए जिससे इसके किनारे पर कोई खरोंच नहीं आए। डिब्बों को भरने से पहले इन्हें 80 डिग्री सेल्सियस तापमान के गरम पानी से धोया जाना चाहिए।

कैन को हाथ से भरा जाता है। सबसे पहले कैन में लगभग 200 ग्राम ब्राइन डाला जाता है, तत्पश्चात मुर्गे के शव/मांस को डाला जाता है जिससे हवा के बुलबुले के अंदर रहने की संभावना कम हो जाती है। सही वजन और आकार के कच्चे पक्षी को गर्दन के सिरे से कैन में रखा जाता है। गर्दन को अंत में रखा जाता है जिससे पैकिंग माध्यम के संचालन बाधा नहीं हो सके। यदि कैन को बंद करने के लिए वैक्यूम सीमर का इस्तेमाल किया जाना है तो 50 डिग्री सेल्सियस तापमान पर शोरबा या नमकीन पानी का निर्धारित वजन ही कैन में भरा जाना चाहिए। जब स्टीम वैक विधि से कैन को बंद करना होता है तो शोरबा का तापमान 80 डिग्री सेल्सियस बनाए रखा जाता है। मैकेनिकल वैक्यूम क्लोजर हेतु न्यूनतम वैक्यूम 12 इंच और अधिकतम वैक्यूम 15 इंच का उपयोग किया जाता है। शीतलन के बाद या प्रसंस्करण के दौरान कैन की विकृति को रोकने के लिए पर्याप्त वैक्यूम बनाये रखना महत्वपूर्ण है।

कैन को भरने और बंद करने के बाद 70 डिग्री सेल्सियस तापमान वाला सर्फयुक्त पानी का छिड़काव कर डिब्बे को साफ किया जाता है जिससे इस पर लगे ग्रीस या गंदगी को हटाया जा सके। सफाई में उपयोग किये जा रहे पानी का भी तापमान 70 डिग्री सेल्सियस रखना जरूरी होता है। प्रसंस्करण के बाद डिब्बों के सफाई की आवश्यकता से बचने के लिए रिटार्ट मशीन की सफाई नियमित अंतराल पर करते रहना चाहिए।

पूरे चिकन शव का कैनिंग द्वारा प्रसंस्करण अत्यंत जोखिम भरा कार्य है और अपर्याप्त प्रसंस्करण को रोकने और स्वीकार्य गुणवत्ता प्राप्त करने के लिए कुछ पूर्व निर्धारित कारक इस प्रकार हैं:–

1. कैन की क्षमता के अनुसार ही उचित वजन वाले शव को ही भरना चाहिए, क्षमता से अधिक वजन भरने पर उत्पाद के खराब होने की सम्भवनायें ज्यादा होती हैं।
2. चिकन शव को कैन में इतना कस कर नहीं भरना चाहिए जिससे कि कैन की दीवार और शव के बीच द्रव्य के संचार में बाधा आए।
3. शव के आर–पार एक छिद्र का होना आवश्यक है जिससे द्रव्य का संचालन बिना किसी बाधा के हो सके। पक्षी की गर्दन को ऐसी स्थिति में रखा जाना चाहिए कि यह संभवतः द्रव्य के संचलन को बाधित नहीं कर सके। इसके लिए गर्दन को पैरों के बीच रखा जाता है ताकि यह गुहा के एक तरफ हो जाए।
4. कैन के प्रसंस्करण के दौरान शव के पैर नीचे की तरफ होनी चाहिए अर्थात बंद कैन को उल्टाकर प्रसंस्करण करना चाहिए क्योंकि पहले दिए गए दिशा–निर्देशों में शव के गर्दन वाले भाग को कैन में पहले डालने की बात की गयी है। यह उपयुक्त प्रसंस्करण में मददगार होता है क्योंकि प्रसंस्करण के दौरान पैरों के द्रव्य में डूबे रहने से मांस में संकोचन कम होता है।
5. कैन को ढक्कन बंद होने के तुरंत बाद संसाधित किया जाना चाहिए।

प्रसंस्करण के तुरंत बाद डिब्बे को चरणबद्ध तरीके से ठंडा करना चाहिए। शीतलन के पहले 5 मिनट की अवधि के लिए का भाप या वायु का दबाव 10 पौंड बनाए रखना होता है, फिर रिटोर्ट के अंदर का दबाव गिराकर 5 पौंड कर दिया जाता है एवं 5 मिनट बाद रिटोर्ट को दबावमुक्त कर दिया जाता है। लंबे समय तक अत्यधिक दबाव नहीं रखना चाहिए, अन्यथा कैन में पैनलिंग नाम की विकृति हो सकता है। 38–40 डिग्री सेल्सियस तापमान तक शीतल जल (क्लोरीनयुक्त या सोडियम नाइट्राइट युक्त – 600 ppm) का प्रयोग कर ठंडा करना चाहिए। यदि ठंढा करने की प्रक्रिया को 35 डिग्री सेल्सियस से नीचे के तापमान तक करना हो तो कैन में जंग लगने की संभावना बढ़ जाती है, तो कंटेनर का बाहरी दीवार पर जंग लग सकता है। धुलाई के दौरान सोडियम नाइट्राइट या क्लोरीनयुक्त पानी के इस्तेमाल के कैन के बाहरी दिवार पर जंग लगने से रोका जा सकता है।

पोल्ट्री मांस के प्रसंस्करण की प्रक्रिया

पोल्ट्री मांस उत्पादन के बाद इसके आगे की प्रसंस्करण प्रक्रिया में मुख्य रूप से इसे सुविधाजनक उत्पादों जैसे कटे हुए हिस्सों, टुकड़ों, पहले से पकाए गए ठंडे टुकड़ों, नगेट्स, हॉट डॉग, पेटिस इत्यादि में रूपांतरण करना शामिल है। ताजा मांस बेचना लाभदायक नहीं होना के साथ–साथ पैर, गर्दन और पीछे का मांस के बिक्री नहीं होने के कारण मांस को आगे प्रसंस्करण कर बजार में बेचने की आवश्यकता है। यह घरेलू उत्पादों को तैयार करने में कुछ प्रसंस्करण चरणों, जैसे खाना पकाने के समय और उपकरणों की आवश्यकता को कम करने में मदद करता है।

सुविधाजनक मांस उत्पादों वो मांस उत्पाद है जिन्हें बहुत सरल तरीके से बिना किसी खास उपकरण की सहायता लिए नियमित रूप से घरेलू रसोई में तैयार किया जा सकता है। अंडा देने वाली मुर्गियों के मांस आमतौर पर कठोर होते हैं और इनके ताजा मांस को उपभोक्ताओं द्वारा पसंद नहीं किए जाते हैं, ऐसे मुर्गियों के मांस को संसाधित मांस उत्पादों को तैयार करने के लिए लाभप्रद रूप से उपयोग किया जा सकता है। मांस प्रसंस्करण का उद्देश्य बढ़ती मांग और विपणन क्षमता और जीवन–शैली की आवश्यकता को पूरा करता है। इस प्रकार विभिन्न शवों का उपयोग कर विभिन्न उत्पादों को बनाया जा सकता है जिसमे विभिन्न प्रकार खाद्य सामग्री का उपयोग कर इसकी गुणवत्ता को बढ़ाया जा सकता है, साथ ही उत्पादन लगत को भी कम किया जा सकता है जिससे इस क्षेत्र में उद्यमीता एवं रोजगार को बढ़ावा मिल सकता है।

इमल्शन आधारित मांस उत्पादः मीट ब्लॉक या सॉसेज, पैटीज, मीट बॉल्स, नगेट्स, कबाब आदि जैसे उत्पाद इमल्शन–आधारित मांस उत्पाद हैं और यह विशेष रूप से ठंडा और जमे हुए मीट से बने होते हैं। साधारणतयाः मांस के इमल्शन को बोउवेल चौपर नामक मशीन में 10 डिग्री सेल्सियस या इससे कम तापमान पर मांस के कीमा के साथ क्रमबद्ध तरीके से नमक, नाइट्राइट, बर्फ, चीनी, सोडियम–ट्राईपोलीफॉस्फेट, मसाले एवं अन्य सामग्रियों को मिलाया जाता है एवं इसे अच्छी तरह से मिलाने के बाद मांस का इमल्शन तैयार होता है। सॉसेज बनाने के लिए इमल्शन को एक आवरण में मशीन का उपयोग कर भर लिया जाता है एवं इसे अच्छी तरह पका लिया जाता है। सॉसेज का धूमन भी किया जा सकता है जिससे इसके स्वाद एवं गुणवत्ता में परिवर्तन लाया जा सकता है। धुएँ या इसके तरल रूप का उपयोग सॉसेज उत्पादन में विभिन्न स्तर किया जा सकता है–

(i) इसे सीधे मांस इमल्शन में मिलाते हुए, (ii) उत्पाद को सीधे घोल में डुबोते हुए, (iii) उत्पाद पर धुएँ के घोल को छिड़कते हुए, (iv) तरल धुएँ को घना कोहरा के रूप में इसे स्मोकहाउस में इंजेक्ट करना, (v) तरल को गर्म सतह पर रखकर वाष्पीकरण करना, और (vi) आवरणों के धुएँ से उपचारित कर उपयोग करना।

मीट बॉल को फास्ट फूड रेस्तरां चेन में व्यापक स्वीकार्यता मिली है। मीट बॉल तैयार करने में लगभग 30 ग्राम मीट इमल्शन लिया जाता है और इसे गोल आकार दिया जाता है। पकाने हेतु इसे प्री–हीटेड ओवन में 180 डिग्री सेल्सियस पर 25 मिनट के लिए पकाया जाता है। पकाने के दौरान 10–15 मिनट के बाद मीट बॉल को पलट देना होता है जिससे यह सही तरीके से पक जाए एवं इसका आंतरिक तापमान 75 डिग्री सेल्सियस तक पहुंच जाए।

मीट ब्लॉक एक खाने हेतु तैयार उत्पाद है एवं इसका उपयोग घरेलू स्तर पर बहुत तरह के खाद्य व्यंजन में भी किया जाता है। मीट इमल्शन को आयताकार एल्यूमीनियम के साँचे में भर कर 121 डिग्री सेल्सियस एवं 15 पौंड दबाव पर 20 मिनट तक प्रेशर कुकर में पकाया जाता है। पके उत्पाद को सांचे के साथ ठंडा कर मीट ब्लॉक को सावधानी से निकाल कर पोलीथिन की थैलियों में बंद कर शीतलीकरण हेतु फ्रिज में रखा जाता है, इसके बाद इस मीट ब्लॉक को काट कर नगगेट के रूप में इस्तेमाल किया जा सकता है।

मांस कीमा से बनाए जाने वाले उत्पादों में मीट पेटिस एक बहुत ही लोकप्रिय उत्पाद है जिसका उपयोग ज्यादातर बर्गर, रोल और सैंडविच बनाने में किया जाता है। एक माध्यम आकार के मीट पेटिस बनाने हेतु मांस कीमा एवं अन्य सामग्री के मिश्रण से लगभग 75 ग्राम लेकर इसे चपटा गोलाकार बनाकर गरम भट्ठी में 180 डिग्री सेल्सियस पर 25 मिनट तक पकाया जाता है। पकाने के दौरान 15 मिनट के बाद पेटिस को पलट कर पुनः 10 मिनट के लिए पकाया जाता है जिससे इसका आंतरिक तापमान 75 डिग्री सेल्सियस पहुँच जाए एवं पूर्णतः पक जाए।

पुनर्संरचित मांस उत्पादः पुनर्संरचना एक प्रसंस्करण तकनीक है जिसका उपयोग कर सुविधाजनक उत्पाद बनाया जाता है। इन उत्पादों का बनावट मांस के टुकड़ों एवं मीट कीमा से बने उत्पादों के मध्य का होता है। इस तकनीक का उपयोग कर भैंस, सूअर और चिकन के मांस से अधिक स्वादिष्ट उत्पादों को विकसित किया जा सकता है। आमतौर पर पहले से विकृत किए गए मांस को फिर से टंबलिंग मशीन की सहायता से पुनर्संरचित मांस उत्पाद तैयार किया जाता है। टंबलिंग या मैसेजिंग मांस उत्पाद के बनावट और संवेदी विशेषताओं में सुधार करता है।

एनरोब्ड मांस उत्पादः एनरोबिंग एक ऐसी विधि है जिसके द्वारा खाद्य सामग्री के ऊपर से एक बेहतर खाद्य सामग्री की परत चढ़ाकर पकाया जाता है जिससे उत्पाद की गुणवत्ता में सुधार एवं मूल्यसम्बर्धन होता है। एनरोबिंग से उत्पाद की बनावट, रस और पौष्टिकता में वृधि होती है। परत चढ़ाने हेतु बेसन, गेहूँ या मकई के आटे में मसाले नमक इत्यादि मिलाकर उपयोग किया जा सकता है। एनोर्बड पैटीज को फ्रिज में एरोबिक पैकेजिंग कंडीशन में 4 डिग्री सेल्सियस पर 28 दिनों से अधिक रखा जा सकता है।

लम्बे समय तक रखा जाने वाला मांस उत्पादः उच्च तापमान पर प्रसंस्कृत डिब्बाबंद मांस उत्पादों का भण्डारण क्षमता ज्यादा होने के कारण ऐसे उत्पादों के वितरण और विपणन आसान होता है। पोल्ट्री मांस का भी इस तकनीकी से प्रसंस्करण किया जाता है एवं इसकी गुणवत्ता काफी दिनों तक बरकरार रहती है।

पारंपरिक मांस उत्पादः हाल के वर्षों में कई पश्चिमी देशों में हमारे पारंपरिक मांस उत्पादों को लोकप्रियता मिल रही है। स्वदेशी मांस उत्पाद अपने स्वाद एवं सादगी में अद्वितीय हैं और इसे आसानी से तैयार भी किया जा सकता है। इन उत्पादों की गुणवत्ता को सुधार कर मूल्य संवर्धित सुविधाजनक उत्पाद तैयार किये जा सकते हैं। मांस का अचार, अंडे का अचार, मीट समोसा, तंदूर चिकन, सीक कबाब, टिक्का और कोफ्ता इत्यादि लोकप्रिय स्वदेशी मांस उत्पाद हैं। कुछ क्षेत्रीय मांस उत्पादों को भी घरेलू बाजारों में लोकप्रियता मिल रही है।

□□□

अध्याय–3

कुक्कुट मांस का खराब होना

संदूषण के स्रोत

खाद्य प्रणालियों में संदूषक सूक्ष्मजीवों की उपस्थिति और भूमिका को सटीकता से इंगित करना बेहद मुश्किल है। खाद्य जानवर के शारीर पर सूक्ष्मजीवों की काफी संख्या प्रकृतिक रूप से रहने के कारण इनके द्वारा खाद्य पदार्थों के संदूषण की संभावना अन्य संदूषकों से ज्यादा होती है। हालांकि यह माना जाता है कि जीवित स्थिति के दौरान मांसपेशियों की आंतरिक संरचना जीवाणुरहित होती है, लेकिन ताजा मांस में संदूषक सूक्ष्मजीवों उपस्थिति बहुत सारे कारकों पर निर्भर करता है, जैसे पशुपालन के तरीके, पशु परिवहन, पशु का वध, मांस काटना एवं पैकिंग करना तथा प्रसंकरण इकाई में स्वक्षता इत्यादि। जानवरों की चमड़ी पर प्राकृतिक रूप पाए जाने वाले सूक्ष्मजीव आमतौर पर महत्वपूर्ण नहीं है क्योंकि उनके आंतों या श्वसन अंगों में पाए जाने वाले सूक्ष्मजीवों से मांस में संदूषण की ज्यादा संभावना होती है। हालांकि, पैर, पंख और त्वचा में न केवल मिट्टी, खाद, फीड और पानी से आए सूक्ष्मजीवों की बड़ी संख्या होती है, बल्कि इसमें कुछ ऐसे महत्वपूर्ण सूक्ष्मजीव होते हैं जो मांस को खराब करने के लिए उतरदायी होते हैं। चाकू, कपड़ा, हवा और कार्मिकों के हाथ और कपड़े भी दूषण के मध्यवर्ती स्रोतों के रूप में काम कर सकते हैं। मांस में संदूषण इसके सम्भालने के दौरान, गाड़ी, बक्से या अन्य कंटेनरों, अन्य दूषित मांस और हवा से आ सकता है। मांस प्रसंस्करण संयंत्र में काम कर रहे लोग भी कई खाद्यजनित रोगजनक बैक्टीरिया के संचालक के रूप में भी काम कर सकता है, लेकिन इसका बहुत कम महत्व है क्योंकि प्रसंकरण इकाइयों में व्यतिगत स्वक्षता का ध्यान रखा जाता है। मुर्गी की त्वचा में माइक्रोकॉई, स्टैफिलोकोकाई और बीटा–हेमोलीटिक स्ट्रेप्टोकोकाई हो सकते हैं। मल और इससे दूषित उत्पादों में साल्मोनेला सहित आंतों में रहने वाले कई सूक्ष्मजीव शामिल हो सकते हैं।

कुक्कुट मांस का खराब होना

मांस में निहित एंजाइम के कारण शव का अपघटन हो सकता हैं लेकिन मांस के खराब होने में आंत में पाए जाने वाले जीवाणुओं की महत्वपूर्ण भूमिका है। इन जीवाणुओं की वृद्धि ज्यादातर शवों एवं गुहा की सतह तथा मांस के कटे हुए भाग में होती है और अपघटन उत्पाद धीरे–धीरे मांस में फैल जाते हैं। कम तापमान पर मांस के भण्डारण के दौरान स्यूडोमोनस समूह के जीवानुओं की वृद्धि के कारण मांस खराब हो जाता है। इस तरह खराब हुए मांस में स्यूडोमोनस 30.5%, एसिनेटोबैक्टर 22.7%, फ्लेवोबैक्टीरियम 13.9%, कोरिनोबैक्टेरियम 12.7% एवं कम संख्या में यीस्ट, एंटरोबैक्टीरिया और अन्य जीवाणु पाए गए हैं। जब जीवाणु रोधी एंटीबायोटिक्स का इस्तेमाल कर जीवानुओं की वृद्धि रोका जाता है तब कवक के वृद्धि से मांस के खराब होने की संभावना होती है, अन्यथा मांस के खराब होने में कवक का काफी कम महत्व होता है। कैंडीया, रोडोटेरूला और टोरुला मुर्गी के मांस पर पाए जाने वाले सबसे महत्वपूर्ण कवक हैं । मांस के सतह एवं कटे भागों पर चिपचिपा परत का जमना इसके खराब होने का मुख्य लक्षण है। आमतौर पर आंत की गुहा में खट्टा गंध आने लगता है जिसे विसरल टेंट भी कहा जाता है और यह विशेष रूप से ''न्यूयॉर्क ड्रेस्ड पौल्ट्री" के खराब होने के लक्षण हैं क्योंकि इसमें आंत को अंदर छोड़ दिया जाता है। इसके कारक जीवानुओं में स्ट्रेप्टोकोकाई के अलावा स्यूडोमोनस, एसिनेटोबैक्टर,फ्लेवोबैक्टीरियम एवं कोरिनोबैक्टेरियम शामिल है। जैसा कि पहले उल्लेख किया गया है कि पोल्ट्री के मांस का आंतरिक भाग आमतौर पर जीवाणुरहित होते हैं और केवल सतहों पर ही मांस को खराब करने वाले जीवाणु रहते हैं। ताजे मांस को जब उच्च आर्द्रता वाले वातावरण में संग्रहित किया जाता है, तब इसके सतह पर स्यूडोमोनस जैसे जीवाणु विकसित होने लगते हैं एवं छोटी–छोटी गोलाकार कालोनियों का निर्माण करते हैं जिनका आकार समय के साथ बढ़ता है एवं मांस के सतह पर एक चिपचिपा परत का निर्माण हो जाता है जो मांस का खराब होना दर्शाता है। मांस के खराब होने के अंतिम चरणों में सतहों पर अधिक संख्या में स्यूडोमोनास की उपस्थिति के कारण जब पराबैंगनी प्रकाश से रोशन किया जाता है तो फ्लोरोसेंस उत्पन्न होता है। मांस के खराब होने की प्रक्रिया में जब जीवानुओं की संख्या लॉग 7.2 से 8.0 प्रति सेंटीमीटर हो जाता है तो खराब गंध आना शुरू होता है और जब इनकी संख्या लॉग 8.0 प्रति सेंटीमीटर से बढ़ जाती है तो चिपचिपा परत का निर्माण शुरू हो जाता है। कुल

एरोबिक प्लेट काउंट करने पर चिपचिपा परत पर जीवाणुओं की संख्या लॉग 9.5 प्रति सेंटीमीटर तक हो जाती है। मांस व उत्पादों को वैक्यूम पैकेजिंग या CO_2 के साथ पैकेजिंग कर ज्यादा दिन तक खराब होने से बचाया जा सकता है। 5 डिग्री सेल्सियस तापमान पर भण्डारण के समय यह देखा गया है कि ऑक्सीजन प्रवेश्य प्लास्टिक पैकिंग में मांस 9 दिनों में खराब हो जाता है, जबकि वैक्यूम पैकेज में 9–11 दिन और CO_2 के साथ पैकेजिंग में 17 दिनों में खराब होते हैं।

□□□

अध्याय–4

कुक्कुटमांस और मांस उत्पादों के लिए पैकेजिंग तकनीक

पैकेजिंग मांस संरक्षण का एक महत्वपूर्ण पहलू है। मांस और मांस उत्पादों के भंडारण के लिए प्रभावी संरक्षण विधियों का उपयोग करने के बावजूद अगर अनुचित पैकेजिंग तकनीक या पैकेजिंग सामग्री का इस्तेमाल किया गया हो तो मांस व उत्पाद के जल्द खराब होने की संभावना रहती है। मांस और मांस उत्पादों के लिए उचित पैकेजिंग तकनीक या पैकेजिंग सामग्री का चयन उसके प्रसंस्करण, संरक्षण, भंडारण और वितरण प्रणाली के आधार पर किया जाता है। इसलिए ताजा और प्रसंस्कृत मांस की पैकेजिंग आवश्यकताएं उसके अंतर्निहित विशेषताओं के साथ–साथ प्रसंस्कृत मांस उत्पादों, भंडारण की स्थिति और वांछित भण्डारण समय के आधार पर भिन्न हो सकती हैं।

ताजा मांस की पैकेजिंग

ताजा मांस अत्यधिक खराब होने वाला खाद्य पदार्थ है। उपयुक्त पैकेजिंग सामग्री का उपयोग करते हुए इसकी विशेषताओं जैसे रंग, बनावट और स्वाद इत्यादि को संरक्षित करने की आवश्यकता होती है। आमतौर पर अन्य मांस उत्पादों की तुलना में मुर्गी के मांस के रंग की उपयोगिता बाजार के लिए ज्यादा महत्वपूर्ण नहीं होता है।

1. मांस का प्राकृतिक रंग मुख्य रूप से मांसपेशी में उपस्थित मायोग्लोबिन और कुछ हद तक मांस में बचे रक्त के हीमोग्लोबिन के कारण होता है। मायोग्लोबिन के बैंगनी लाल रंग के कारण ताजे कटे मांस का रंग भी बैंगनी–लाल होता है। हवा के संपर्क में आने से मायोग्लोबिन ऑक्सी–हेमोग्लोबिन में बदल जाता है और मांस का रंग चमकीला लाल रंग हो जाता है और रंग संवेदी दृष्टिकोण से सबसे अधिक वांछनीय है। ऑक्सीजन की अनुपस्थिति में ऑक्सीमायोग्लोबिन पुनः मायोग्लोबिन में रूपांतरित हो सकता है लेकिन कम तापमान (0–2 डिग्री सेल्सियस) पर ज्यादा देर (2–3 दिन) तक लगातार हवा के संपर्क में रहने से मेटमायोग्लोबिन का निर्माण होता है जिससे मांस

का रंग भूरा दिखने लगता है और मांस खराब गुणवत्ता वाला हो जाता है। मायोग्लोबिन के एक अणु में केवल एक हीम समूह होता है, जबकि हीमोग्लोबिन में इनकी संख्या चार होती है। ये दोनों पिगमेंट ग्लोबिन प्रोटीन से बने होते हैं एवं इनसे गैर–प्रोटीन भाग हेम जुड़ा रहता है। हेम के नाभिक में एक लोहे का परमाणु होता है जो पोर्फिरिन रिंग से जुड़ा रहता है।

2. ताजा मांस का सतह बहुत जल्दी सूखने लगता है जिससे इसके रंग व संरचना में भी परिवर्तन आने लगता है। निर्जलीकरण होने के कारण मांस की सतह पर रंग इकट्ठा होने लगता है एवं रंग के साथ आंतरिक नमी भी सतह पर आ जाती है तथा इसके सूखने से और ज्यादा रंग के धब्बे दिखने लगते हैं।

3. ताजा मांस के रंग को प्रकाश भी प्रभावित करता है। पराबैंगनी किरणों द्वारा मांस में उपस्थित रंग और वसा का ऑक्सीकरण तेजी से होता है।

4. मांस का प्राकृतिक स्वाद एंजाइमैटिक और ऑक्सीडेटिव विकिरण से प्रभावित हो सकता है। प्रकाश और वायुमंडलीय ऑक्सीजन के संपर्क में आने से ऑक्सीकरण को बढ़ावा मिलता है।

5. सूक्ष्मजीवों के विकास से भी मांस में दुर्गन्ध आ सकती है लेकिन ऐसे दुर्गन्ध की समस्या मांस को किसी खराब वस्तु के साथ या खराब जगह पर भी रखने से हो सकती है।

इसलिए, ताजा मांस के लिए एक कार्यात्मक पैकेज इसके निर्जलीकरण को नियंत्रित करने, वांछनीय उज्ज्वल लाल रंग बनाए रखने, सूक्ष्मजीवों के संदूषण को रोकने एवं बाहर के वातावरण से अलग रखने में सक्षम होना चाहिए।

अतः पैकेजिंग सामग्री को ऑक्सीजन के लिए मध्यम बाधा, लेकिन जल–वाष्प के लिए एक अच्छा अवरोधक होना चाहिए। सामग्री को बाहरी वातावरण से गंध और स्वाद आने से भी रोकना चाहिए।

पैकेजिंग सामग्री और तकनीक

1. आवरणः आमतौर पर एक तरफ नाइट्रोसेल्युलोज की परत वाली आवरण इसके लिए इस्तेमाल किया जाता है। मांस के संपर्क में नाइट्रोसेल्युलोज वाला परत रहता है।

2. फिल्म पैकेजिंगः ताजा मांस को एलडीपीई (200 गौज) या अत्यधिक प्लास्टि साइज्ड पीवीसी फिल्म (100 गौज) से बने पैकेज में रखा जा सकता है। प्लायोफिल्म (रबर हाइड्रोक्लोराइड), ईवीए (एथिलीन विनाइल एसीटेट) या बियाक्सियल ओरिएंटेड पॉलीस्टीरेन (बीओपीएस) आदि फिल्म का भी इस्तेमाल किया जा सकता है। पैक किए गए ताजा मांस को खराब होने से बचाने के लिए 0–2 डिग्री सेल्सियस पर संग्रहित किया जाना चाहिए। निर्जलीकरण को रोकने के लिए 85–90% की सापेक्ष आर्द्रता (आर. एच.) को बनाए रखा जाना चाहिए। ताजे मांस को इस तापमान और आर्द्रता पर लगभग 5–7 दिनों तक संग्रहित किया जा सकता है।

3. ट्रे पैकेजिंगः पश्चिमी देशों में ताजे मांस के टुकरों और चिकन के कुछ हिस्सों की पैकेजिंग के लिए ट्रे पैकेजिंग का सबसे अधिक इस्तेमाल किया जाता है। शुरुआत में ढले हुए गूदे से बनी ट्रे का इस्तेमाल किया जाता था। इस प्रकार के ट्रे कठोर होते हैं और इनमे मांस से निकले पानी को अवशोषित करने की क्षमता होती है। लेकिन अब पॉलीस्टाइरिन से बने ट्रे का इस्तेमाल होने लगा है। मांस के टुकड़ों को ट्रे में रख कर पारदर्शी फिल्म (पीई, पीपी, पीवीसी और पीवीडीसी) से ढंक दिया जाता है। अत्यधिक मांस के रस के संचय को अवशोषित करने के लिए ट्रे के निचले सतह पर सोख्ता कागज रखा जाता है। पैक किए गए मांस को 0 डिग्री सेल्सियस और 85–90% सापेक्ष आर्द्रता पर 10 दिनों तक संग्रहित किया जा सकता है। लेकिन वांछनीय रंग केवल 5 दिनों तक बनाए रखा जा सकता है।

4. सिकुड़न परत पैकेजिंगः मांस के बड़े और अनियमित टुकड़ों, ताजे मांस के एक भाग या पूरे चिकन मांस को क्रायोवैक (सिकुड़नयुक्त पीई, ओरिएंटेड पीपी, पीवीसी, पीवीडीसी) में पैक किया जा सकता है जो हल्का गरम करने पर सिकुड़ जाती है। इसके अंदर पैक की गई मांस साफ–सुथरी दिखती है एवं इसको संभालना भी सुविधाजनक होता हैं। पूरा चिकन मांस को वैक्यूम पैक कर फिल्म सिकुड़न हेतु 90–95 डिग्री सेल्सियस पर गरम पानी में डुबाया जाता है या गर्म हवा के सुरंग से गुजरा जाता है।

5. वैक्यूम पैकेजिंगः इस पैकेजिंग तकनीक का उपयोग कर ताजा मांस को लंबे समय (2–3 सप्ताह) तक भंडारित किया जा सकता है। लेकिन मांस के बैंगनी लाल रंग के कारण यह खुदरा बाजार में ज्यादा लोकप्रिय नहीं है। मांस के बड़े टुकड़ों को वैक्यूम पैक कर विभिन्न संस्थाओं जैसे होटल,

हॉस्टल, रेस्तरां, खान–पान की स्थापना आदि में भेजे जाते हैं। वैक्यूम पैकेजिंग को दो तरीकों से किया जा सकता है– (i) पारंपरिक वैक्यूम पैकेजिंग–बिना गरम किये सिकुड़ने योग्य फिल्म का उपयोग और (ii) वैक्यूम सिकुड़न पैकेजिंग–गर्मी से सिकुड़ने वाली फिल्म लैमिनेट का उपयोग। वैक्यूम पैकेजिंग हेतु वैसी फिल्में उपयुक्त होती हैं जो जलवाष्प और गैसों के लिए अच्छी बाधा उत्पन्न करती हैं और जिसमें अच्छी मजबूती होती है। कुछ वैक्यूम पैकेजिंग फिल्में इस प्रकार हैं–परतदार पॉलिएस्टर/पीई, पॉलियामाइड (नायलॉन)/पीई, पीवीसी/पीवीडीसी (क्रायोवेक), पीवीसी फिल्म, पॉलिएमाइड फिल्म आदि। इस पैकेजिंग प्रणाली में हवा की उपस्थिति में बढ़ने वाले जीवाणु के विकास को रोकती है एवं पैक्ड मांस को खराब करने में स्यूडोमोनास और एक्रोमोबेक्टर की प्रजातियों का ज्यादा योगदान होता है। ऐच्छिक अवायवीय जीवानुओं की वृद्धि बाधित नहीं होती है। ताजा उत्पाद को 0–2 डिग्री सेल्सियस तापमान और 85–90% सापेक्ष आर्द्रता पर दो से तीन सप्ताह तक भंडारित किया जा सकता है।

6. गैस पैकेजिंग (संशोधित वायुमंडलीय पैकेजिंग): गैस पैकेजिंग ताजा मांस के भण्डारण क्षमता को बढ़ाने के लिए एक सक्षग तकनीक है। इस पैकेजिंग तकनीक में कुछ चुनिन्दा गैसों जैसे ऑक्सीजन, नाइट्रोजन और कार्बन डाइऑक्साइड का उपयोग कर पैकेज के अंदर के वातावरण को संशोधित या नियंत्रित किया जाता है। इन सभी गैसों का मांस के प्रशीतित भण्डारण की अवधि बढ़ाने में अलग–अलग भूमिका है। अन्य मांसों की तुलना में पौल्ट्री मांस के पैकेजिंग में ऑक्सीजन की आवश्यकता नहीं होती है एवं कार्बन डाइऑक्साइड की भी बहुत कम मात्रा डाली जाती है। यह देखा गया है कि पैकेजिंग में कार्बन डाइऑक्साइड एवं नाइट्रोजन की मात्रा क्रमशः 80% और 20% रखने पर ताजे मांस को 4 डिग्री सेल्सियस पर 15 दिनों तक भंडारित किया जा सकता है। गैसों के ऐसे संयोजन मांस का आकर्षित रंग बनाये रखने के साथ–साथ जीवानुओ के विकास को भी रोकता है जिससे भण्डारण के दौरान मांस की गुणवत्ता बरकरार रहती है।

जमे मांस का पैकेजिंग

ताजा मांस एवं प्रसंस्कृत मांस उत्पादों के भण्डारण क्षमता बढ़ाने के लिए इन्हें जमाया जाता है। जमे हुए कच्चे मांस के टुकड़े या कीमा में निर्जलीकरण और ऑक्सीकरण की संभावना ज्यादा होती है। अतः इस्तेमाल किये जा रहे पैकेज को

निर्जलीकरण को कम करने/रोकने में सक्षम होना चाहिए, ऑक्सीजन और प्रकाश के लिए एक अच्छा अवरोध होना चाहिए और संकुचन और विस्तार की भी क्षमता होनी चाहिए। दूसरे शब्दों में, यह कहा जा सकता है कि इसे – (i) जलवाष्प और CO_2 के लिए अच्छा अवरोध, (ii) ठंड तापमान पर टिकाऊ और (iii) गंध और स्वाद के लिए अभेद्य होना चाहिए।

फ्रीजिंग हेतु कच्चे मांस की पैकेजिंज के लिए एलडीपीई (200–300 गेज), परतदार पॉलिएस्टर/पीई, परतदार पॉलियामाइड/पीई या गर्मी संकोचक फिल्म जैसे क्रायोवैक (पीवीसी/पीवीडीसी कॉपोलीमर) का उपयोग किया जा सकता है। इसकी कम लागत, स्पष्टता और कम तापमान पर स्थिरता होने के कारण एलडीपीई को आदर्श माना जाता है। मांस की पैकेजिंग के बाद 4–12 घंटे के लिए ब्लास्ट फ्रीजिंग (–40 डिग्री सेल्सियस) किया जाता है एवं इसे फाइबर बोर्ड के बक्से में रख कर –18 डिग्री सेल्सियस पर 9–12 महीनों तक संग्रहित किया जाता है। ब्लास्ट फ्रीजिंग की अवधि मांस के वजन और आकार पर निर्भर करता है।

तंदूरी चिकन, बारबेक्यू चिकन और रसयुक्त मांस उत्पाद की पैकेजिंग के लिए एचडीपीई (200–300 गेज), एल्यूमीनियम मोल्ड या उबालनेयुक्त प्लास्टिक थैली का इस्तेमाल किया जा सकता है। रसयुक्त मांस उत्पाद को थैली में डालने से पहले इसे ब्लॉक में रख कर जमा लिया जाता है। उत्पाद को उपयोग से पहले उबलते पानी या माइक्रोवेव ओवन में गरम किया जा सकता है। अधिकतर सुविधाजनक मांस उत्पाद जैसे पैटीज, हैमबर्गर, फ्राइड मीट चंक्स, नग्गेट्स इत्यादि में ऑक्सीकरण और निर्जलीकरण की समस्या होती है। अतः ऐसे उताप्दों के पैकेजिंग हेतु उपयोग की जानी वाली सामग्री को नमी के नुकसान को रोकने और हवा के संपर्क से बचाने की क्षमता होनी चाहिए।

अल्पावधि भंडारण के लिए एचडीपीई (200–300 गेज), पीवीसी और सारण (पीवीसी/पीवीडीसी कॉपलाइमर) या क्रायोवैक का उपयोग किया जा सकता है। यह सामग्री 20 मिनट के लिए उबलते तापमान का सामना कर सकती है। पॉलिएस्टर/एमडीपीई/पीपी या पॉलियामाइड/पीपी लैमिनेट्स जैसे फोल्ड–इन–बैग में मांस उत्पादों की पैकेजिंग से पहले और बाद में डबल लाइन सील होनी चाहिए।

पकाए हुए मांस की पैकेजिंग

अधिकांश पके हुए मांस उत्पाद को डिब्बाबंद किया जाता है और इसे 1–2 साल तक भंडारित किया जा सकता है। टिन प्लेट, टीएफएस और एल्यूमीनियम

डिब्बे का उपयोग किया जाता है। डिब्बे आंतरिक सतह पर एपॉक्सी फेनोलिक परत चढ़ाया जाता है जो जंग लगने से बचाता है। रिटोर्ट हेतु प्लास्टिक ट्रे (पॉलियामाइड/पीपी) या परत दार थैली (पॉलियामाइड/एल्युमिनियम पन्नी/पीपी, पॉलिएस्टर/एल्यूमीनियम पन्नी/पीपी) द्वारा परत चढ़ाये हुए एल्यूमीनियम ट्रे उपयोग किया जाता है।

उपचारित मांस उत्पाद की पैकेजिंग

मांस उत्पाद में वांछनीय गुलाबी रंग को बनाए रखने, विशिष्ट ठीक स्वाद प्रदान करने और इसकी भण्डारण क्षमता को बढ़ाने के लिए इसे नमक एवं अन्य सामग्रियों द्वारा उपचारित किया जाता है। कटा हुआ मांस, लंचियन मांस, सॉसेज, फ्रेंकफर्टर आदि की भण्डारण क्षमता 4 डिग्री सेल्सियस तापमान एवं 80–85% आर्द्रता पर 2–3 सप्ताह होती है जो उपचारण के स्तर अर्थात नाइट्राइट और अन्य संरक्षक की मात्रा पर निर्भर करता है। उपचारण के समय मांस में नाइट्रोसो–मायोग्लोबिन वर्णक का निर्माण होता है जिससे डिब्बाबंद मांस उत्पाद में एक वांछनीय गुलाबी रंग बरकरार रहता है। हालांकि यह वर्णक उच्च ऑक्सीजन वातावरण में ऑक्सीकृत होकर मेटामायोग्लोबिन में परिवर्तित हो जाता है जिससे मांस का गुलाबी रंग फीका पर जाता है। इस प्रक्रिया को उच्च भंडारण तापमान और प्रकाश की उपस्थिति में बढ़ावा मिलता है। जब उपचारित मांस का धूमन किया जाता है तो नाइट्रोसो–मायोग्लोबिनएन–नाइट्रोसोएमोक्रोमोजेन में परिवर्तित हो जाता है एवं मांस उत्पाद को एक स्थायी गुलाबी रंग देता है। उपचारित मांस की पैकेजिंग के लिए ऐसे पैकेजिंग सामग्री की आवश्यकता होती है जो निर्जलीकरण को रोक सके, वांछनीय गुलाबी रंग को बरकरार रखे, जीवाणुओं के संदूषण को रोक सके एवं उपचारित मांस के विशेष स्वाद को बरकरार रखे। इसलिए एक अच्छे पैकेजिंग सामग्री को ऑक्सीजन, प्रकाश और जल वाष्प का अवरोधक होना चाहिए।

1. अल्प–भण्डारण हेतु उपचारित मांस का पैकेजिंग

   अ) प्लास्टिक फिल्म और परतदार पन्नी का उपयोग किया जाता है। पीवीसी, पीवीडीसी, एलडीपीई/एचडीपीई या पेपर/एल्यूमीनियम फॉयल/पीई लैमिनेट्स से बनी प्लास्टिक की थैलियों का उपयोग उपचारित मांस एवं टुकड़ों के पैकेजिंग के लिए किया जाता है। पीवीसी/पीवीडीसी कॉपोलीमर (क्रायोवैक या सरन) पैकेज सामग्री में मांस को वैक्यूम पैक किया जाता है और फिर सिकुड़न हेतु या तो गर्म

पानी (90–95 डिग्री सेल्सियस) में डुबाया जाता है या गर्म हवा की सुरंग से गुजारा जाता है।

ब) गोलमोल (बीनइइल) पैकः यह पैकिंग उपचारित मांस किमा के लिए किया जाता है। इस प्रक्रिया में एक नली की सहायता से नरम मांस उत्पाद को नलीनुमा थैली में भर दिया जाता है एवं इसके दोनों छोर को बांध दिया जाता है। इसके लिए उपयोग की जाने वाली थैली आमतौर पर पीई/सिलोफन/पीई की बनी होती है।

2. लम्बे समय तक भण्डारण हेतु उपचारित मांस का पैकेजिंग (वैक्यूम या गैस फ्लशिंग): कटा हुआ लंचियन मीट, चिकन, टर्की ब्रेस्ट मीट आदि को पोलिस्टर/पीवीडीसी/पीई, पोलीएमाईड/पीवीडीसी/पीई, मेटलाइज्ड पोलीएमाईड/पीई, मेटलाइज्ड पोलिएस्टर/पीई जैसे परतदार सामग्री के बने थैले का उपयोग करके वैक्यूम पैक या गैस पैक किया जा सकता है। इन थैलियों में वैक्यूम पैकेजिंग कर कटा हुआ मांस उत्पादों को 0–4 डिग्री सेल्सियस तापमान पर 2–3 महीने तक और –18 डिग्री सेल्सियस तापमान पर 6 महीने तक संग्रहित किया जा सकता है। पैकेज को पूरी तरह से ऑक्सीजन मुक्त बनाने के लिए नियंत्रित वातावरण पैकेजिंग किया जा सकता है। इसके लिए 85–90% नाइट्रोजन और 10–15% कार्बन डाइऑक्साईड के मिश्रण का उपयोग किया जा सकता है।

निर्जलित मांस उत्पादों की पैकेजिंग

निर्जलित मांस उत्पाद सैन्य राशन व अंतरिक्ष यात्रा अभियान आदि के लिए आदर्श होते हैं। इन्हें गर्म हवा या फ्रीज कर सुखाने की तकनीक का उपयोग कर तैयार किया जाता है। बिना पकाए हुए मांस किमा को गर्म हवा से सूखने पर खराब गुणवत्ता के उत्पाद बनते हैं जिसमें मांस में उपस्थित प्रोटीन का विकृतीकरण के परिणामस्वरूप पुनः उपयोग करना मुश्किल होता है। इन्हीं सब समस्याओं के कारण यह विधि व्यवहार में नहीं है। फ्रीज ड्राइंग की प्रक्रिया में उर्ध्वपातन विधि द्वारा मांस में उपस्थित नमी को हटाया जाता है। इस विधि के अंतर्गत नियंत्रित तापमान और वैक्यूम स्तर पर नमी बर्फ की अवस्था से वाष्प में परिवर्तित हो जाता है। इसके लिए मांस को पहले जमाया जाता है और फिर हीट एक्सचेंज प्लेट में 40 डिग्री सेल्सियस तापमान और 1.5 mmHg वैक्यूम के स्तर में सुखाया जाता है। यह विधि मांस के निर्जलीकरण हेतु व्यापक रूप से स्वीकार्य विधि है।

निर्जलित मांस उत्पाद ऑक्सीकरण के लिए अति संवेदनशील होते हैं, वे छिद्र युक्त/झरझरा होते हैं, इसलिए यांत्रिक क्षति से सुरक्षा की आवश्यकता होती है, वातावरण से नमी ग्रहण कर सकते हैं, जिसके परिणामस्वरूप इसमें बनावट और रंग में परिवर्तन होता है। निर्जलीकृत मांस उत्पादों में प्रोटीन की खराब घुलनशीलता भी एक अन्य समस्या है। इसलिए इन उत्पादों को पैक करने के लिए पैकेजिंग सामग्री आवश्यक रूप से जलवाष्प और ऑक्सीजन के लिए अभेद्य होनी चाहिए, प्रकाश और संदूषण से भी बचाना चाहिए, और दगंध/स्वाद का प्रवेश को भी रोकना चाहिए। सबसे अधिक इस्तेमाल की जाने वाली पैकेजिंग सामग्री कुछ इस प्रकार हैः पेपर/एल्यूमीनियम पन्नी पीई, धातु के डिब्बे में वैक्यूम सील, नाइट्रोजन की उपस्थिति में धातु के डिब्बे में पैकिंग, पॉलिएस्टर एल्यूमीनियम पन्नी/पीई, सिलोफन/एल्यूमीनियम पन्नी/पीई और पॉलिएमाइड/एल्यूमीनियम पन्नी/पीई। वैक्यूम और गैस फ्लश का इस्तेमाल करते हुए इन उत्पादों को सुरक्षित रूप से 1-1½ वर्षों तक साधारण तापमान पर संग्रहित किया जा सकता है।

ताप–प्रसंस्कृत मांस उत्पादों की पैकेजिंग

मीट बॉल्स, कॉर्नड चिकेन, मीट ग्रेवी, मीट सूप, चिकन करी/कीमा/चिकन बर्गर, बोनलेस चिकन जैसे मांस उत्पादों को पारंपरिक रूप से धातु के डिब्बे में बंद करके संसाधित किया जाता है। वाणिज्यिक तरीके से प्रसंस्कृत केंड मांस उत्पाद जीवाणुरहित होता है एवं इसे आमतौर पर 1–2 साल तक भंडारित किया जा सकता है। इन उत्पादों को पॉलिएस्टर/एल्युमिनियम पन्नी/पीपी या पॉलियामाइड/एल्यूमीनियम पन्नी पीपी (रिटॉर्टबल पाउच) से बने लचीले थैली में भी पैक किया जा सकता है और फिर ताप–संसाधित की जा सकती है क्योंकि ये फिल्में 120 डिग्री सेल्सियस तापमान का सामना कर सकती हैं। रिटॉर्ट पाउच में उत्पादों को परिवेशी तापमान पर 1 वर्ष तक भंडारित किया जा सकता है।

□□□

अध्याय–5

कुक्कुट मांस का रासायनिक और पोषक मूल्य

पोल्ट्री मांस किफायती होने के साथ–साथ इसमें कई वांछनीय पोषण और संवेदी गुण होते हैं। इस मांस को आसानी से विभिन्न तरीके से पकाया एवं परोसा जा सकता है। कुक्कुट मांस में कई महत्वपूर्ण पोषक गुणवत्ता होती हैं, जैसे कैलोरी कम होना, संतृप्त और असंतृप्त वसा अम्ल का पाया जाना, वसा में आवश्यक वसा–अम्लों एवं प्रोटीन में आवश्यक अमीनो अम्लों की उपस्थिति। मांस के रेशे कोमल होते हैं, चबाने में आसान होते हैं, आसानी से पच जाते हैं और स्वाद हल्का होता है और सीजनिंग और अन्य खाद्य पदार्थों के साथ अच्छी तरह से मिश्रित हो जाता है।

रासायनिक संरचना

नमी – यूएसडीए के अनुसार चिकन ब्रॉयलर, भुनने वाले, मुर्गियों एवं टर्की (मध्यम वसा) के खाने योग्य भाग में नमी की मात्रा क्रमशः 71, 66, 56 एवं 58 प्रतिशत होनी चाहिए। युवा पक्षियों के शवों में पुराने पक्षियों की तुलना में ऊतक में नमी का अनुपात अधिक होता है।

मांस में ऊर्जा की मात्रा : अन्य पोषक तत्वों की तुलना में मुर्गी के मांस में ऊर्जा की मात्रा कम होती है जिसके कारण यह कुछ खास जन समुदाय जैसे वजन नियंत्रण करने वाले लोग, शारीरिक रूप से कम सक्रिय लोग एवं उम्रदराज लोगों में काफी लोकप्रिय है। मुर्गे के मांस के सेवन से कम ऊर्जा प्राप्त होती है मगर बाकी सारे पोषक तत्वों की आपूर्ति संतुलित मात्र के करता है। प्रति 100 ग्राम ब्रॉयलर, रोस्टर, मुर्गियाँ, टर्की (मध्यम वसा) के मांस में ऊर्जा की मात्रा क्रमशः 151, 200, 302 और 268 कैलोरी होती है।

प्रोटीन : किसी भी मांस की तुलना में पोल्ट्री मांस में औसतन अधिक प्रोटीन होता है। पकाए गए पोल्ट्री मांस में लगभग 25–35 प्रतिशत प्रोटीन होता है लेकिन यह मांस के टुकड़े एवं पकाने की विधि पर निर्भर करता है। भैंस के मांस में 21–27

प्रतिशत, सूअर के मांस में 23–24 प्रतिशत और भेड़ के मांस में 21–24 प्रतिशत प्रोटीन होता हैं। हालांकि, मुर्गी के मांस में उच्च गुणवत्ता वाला प्रोटीन होता है। यह पचाने में आसान है और इसमें आवश्यक अमीनो एसिड होते हैं।

वसा : मुर्गी के मांस में वसा की मात्रा उसके उम्र, लिंग और प्रजातियों के अनुसार अलग–अलग होती है। यह पाया गया है कि पके हुए टर्की की खाल में 33.8 प्रतिशत वसा होती है जबकि स्तन के मांस में केवल 6.7–8.3 प्रतिशत होता है। अन्य मांस की तुलना में मुर्गी के मांस में अधिकांश वसा त्वचा के नीचे पाया जाता है। पके हुए चिकन ब्रेस्ट मीट में केवल 1.3 प्रतिशत वसा, वील कटलेट में 11 प्रतिशत, और भैस के मांस के टुकड़ों में 13 से 30 प्रतिशत होती है।

इस बात के प्रमाण बढ़ रहे हैं कि न केवल आहार में वसा की मात्रा, बल्कि वसा का प्रकार भी महत्वपूर्ण है। संतृप्त वसा अम्ल के उच्च अनुपात वाले वसा के सेवन से रक्त कोलेस्ट्रॉल में वृद्धि का कारण बनते हैं। संतृप्ति या असंतृप्ति की डिग्री का आकलन आयोडीन संख्या से किया जाता है। कम आयोडीन संख्या संतृप्त वसा की कम मात्रा और असंतृप्त वसा उच्च मात्रा को दर्शाता है। अन्य मांस की तुलना में पोल्ट्री मांस के वसा में असंतृप्त वसा अम्ल का उच्च अनुपात होता है। पोल्ट्री मांस में कोलेस्ट्रॉल की मात्रा भी कम होती है। कोलेस्ट्रॉल–युक्त मांस उत्पाद के सेवन से उच्च–रक्तचाप की बीमारी की संभावना ज्यादा होती है।

विटामिनः पोल्ट्री मांस नियासिन का एक अच्छा स्रोत और राइबोफ्लेविन, थियामिन और एस्कॉर्बिक एसिड भी माध्यम मात्रा में पाई जाती है। ताजा यकृत में विटामिन ए 32, 500 आई यू, थियामिन 0.20 मिलीग्राम, राइबोफ्लेविन 2.46 मिलीग्राम, नियासिन 11.8 मिलीग्राम और एस्कॉर्बिक एसिड 20 मिलीग्राम होती है। शव के अन्य भागों में यकृत की तुलना में थायमिन, राइबोफ्लेविन और नियासिन की कम मात्रा पाई जाती है।

खनिजः मुर्गी के मांस में सोडियम, पोटैशियम, मैग्नीशियम, कैल्शियम, लोहा, फॉस्फोरस, सल्फर, क्लोरीन और आयोडीन पाया जाता है।

मुर्गी का मांस एक विशेष आहारः मुर्गी का मांस शिशुओं, छोटे बच्चों, किशोरों, वयस्कों, बूढ़ों, आढ़तियों और वजन को नियंत्रित करने वाले व्यक्तियों के लिए एक आदर्श भोजन है। इसकी उच्च मांस की उत्पादकता, पकाने में सहूलियत एवं कम सिकुड़न, खाना पकाने और परोसने में आसानी होने के कारण यह मांस रेस्तरां, होटल, एयरलाइंस, अस्पतालों, स्कूलों और संस्थानों के मेनू पर अच्छी तरह से फिट बैठता है।

पोल्ट्री मांस का स्वादः पोल्ट्री मांस स्वाद में अद्वितीय है जो उपभोक्ताओं द्वारा पसंद किया जाता है। एक अध्ययन में पाया गया है कि पोल्ट्री मांस का स्वाद उसके उम्र, लिंग, हार्मोन उपचार पर निर्भर करता है एवं एक स्वाद पैनल चिकन शोरबा में 6 और 10 से 14 सप्ताह पुराने मुर्गों के मांस में अंतर पता कर सकते हैं लेकिन 10 से 14 सप्ताह की आयु वाले मुर्गों के मांस में तुलना करना बहुत कठिन है। उन्होंने यह भी बताया कि भुने हुए मांस उत्पाद के स्वाद में पक्षी के उम्र की विशेष भूमिका होती है। हालांकि, एक अध्ययन में यह भी पाया गया है कि साधारण अवस्था में पक्षी के उम्र, लिंग, प्रजाति एवं उत्पादन की स्थिति का मांस के स्वाद पर कोई विशेष प्रभाव नहीं होता है। चिकन मांस का स्वाद हड्डियों, त्वचा या तीनों के मिश्रण से बेहतर होता है। लंबे समय तक ठंडे पानी में डुबाने से चिकन के स्वाद में गिरावट होती है मगर इस तरह की समस्या सामान्य चिलिंग के दौरान नहीं आती है।

पोल्ट्री मांस की कोमलता : यह माना जाता है कि कुछ कारक हैं जो पोल्ट्री मांस की कोमलता को काफी प्रभावित करते हैं। लेकिन फिर भी यह समझने के लिए अध्ययन चल रहा है कि कुछ शवों से प्राप्त मांस काफी कोमल होते हैं और कुछ कठोर, जबकि वे एक ही समान होते हैं और उनके उत्पादन की प्रक्रिया भी समान होती है। आयु स्पष्ट रूप से मांस की कोमलता को प्रभावित करती है। सभी तरह की मांसपेशियों में उम्र के साथ कठोरता बढ़ती है लेकिन कसरत कराने या किसी हार्मोन के प्रयोग से मांसपेशियों की कठोरता पर कोई प्रभाव नहीं पड़ता है। मृत्युपरांत मांसपेशियों में कोमलता आना पक्षियों की उम्र और प्रजाति पर भी निर्भर करता है। युवा पक्षियों के मांसपेशियों में पुराने पक्षियों की तुलना में ज्यादा कोमलता होती है। तेजी से बढ़ते समूहों के पक्षियों से प्राप्त मांस धीमे समूहों से ज्यादा होती है।

मांस को जमाने और पकाने से इसकी कोमलता भी प्रभावित होती है। यह भी पाया जाया है कि मांसपेशियों को काटने और ठंडा करने से इसकी कोमलता बढती है। मांस को पकाने से पहले जमना और गामा विकिरण के उपयोग से मांसपेशियों की कोमलता पर मामूली प्रभाव पड़ता है। वध उपरांत मांसपेशियों में पूरी तरह से कठोरता आने से पहले इसे पकाने पर पके हुए मांस और कठोर हो जाते हैं।

तालिका 8: विभिन्न तरह के मांस की रासायनिक संरचना

मांस	प्रोटीन (%)	वसा (%)	नमी (%)	ऊर्जा (कैलोरी/ 100 ग्राम)	रिबोफ्लेविन (औसत दैनिक सेवन का %)
चिकन (भुना हुआ)					
छाती का मांस	31.8	1.4	67	138	9.8
जांघ का मांस	27.0	6.8	66	166	24
टर्की					
छाती का मांस	34.0	5.2	61	200	14
जांघ का मांस	29.7	9.8	60	221	28
भैंस का मांस	28.0	5.6	63	214	7.6
बकरे का मांस					
पसलियों का मांस	22.5	17.6	56	377	8
पीठ का मांस	21	16.8	59	372	7
सूअर का मांस					
जांघ का मांस	23	16.6	57	374	9
पीठ का मांस	22	15.8	58	370	10

❑❑❑

अध्याय–6

कुक्कुट प्रसंस्करण इकाई की बनावट, संरचना एवं स्वच्छता

कुक्कुट प्रसंस्करण इकाई को डिजाइन करने में कई मानदंडों का उपयोग किया जाता है। इनमें निर्माण, लागत, स्वच्छता, कर्मियों के लिए सुविधाओं की पर्याप्तता, उपकरणों के उपयोग में सुविधा और उपकरण की दक्षता और रख–रखाव में आसानी इत्यादि महत्वपूर्ण हैं। अधिकांश इकाइयों में सामान्यतः आठ कार्यक्षेत्र होते हैं जैसे प्राप्ति, लटकाना, वध, पंख हटाना, अंतड़ी निकलना, पैकेजिंग, शीतलीकरण और प्रेषण क्षेत्र। इसके अलावा सहायक कमरे के रूप में भंडारण क्षेत्र, कार्यालय, शौचालय, लॉकर, बॉयलर और चिलर रूम का होना जरूरी होता है।

1. **प्राप्ति और अल्प समय हेतु रोकने वाला क्षेत्रः** पक्का दीवाल द्वारा प्राप्ति क्षेत्र को प्रसंस्करण क्षेत्र से अलग किया जाता है। इस क्षेत्र में कभी–कभी पक्षियों को बेहोश व रक्त स्राव वाला क्षेत्र भी शामिल होता है, लेकिन आमतौर पर पक्षियों को उतारने, उन्हें कन्वेयर पट्टी पर लटकाने एवं खाली खोमचे को पुनः ट्रक में रखने की जगह प्रदान करता है।

2. **ड्रेसिंग क्षेत्रः** इस क्षेत्र में पक्षियों का वध, रक्तस्राव, स्केल्डिंग, पंख निकालने एवं शव को धोने की प्रक्रिया की जाती है। इन कार्यों के पूरा होने के बाद शवों को एक अन्य कन्वेयर लाइन पर स्थानांतरित करते हैं, जो इन्हें आतंरिक भागों को निकलने वाली जगह पर ले जाता है। ड्रेसिंग क्षेत्र में हवा का आवागमन अच्छे से होना चाहिए एवं लगातार पंख, पानी एवं अन्य कचरे हटाने की व्यवस्था होनी चाहिए। ड्रेसिंग रूम डिजाइन इस तरह किया जाना चाहिए कि इसे आसानी से धुल जाना चाहिए।

3. **आंतरिक अंग निकलने वाली जगहः** शवों को ड्रेसिंग रूम से एक अलग कन्वेयर द्वारा आंतरिक अंग निकलने वाले कमरे में ले जाया जाता है। शव को निकाले जाने से पहले इन पर लगे रक्त, पंख, और मल को हटा कर धोया जाता है। इस क्षेत्र में आतंरिक अंगों को निकला जाता है एवं खाने योग्य अंगों को अलग किया जाता है और इन्हें अच्छी तरह से साफ करना

होता है। इस प्रक्रिया के दौरान पोस्टमॉर्टम निरीक्षण भी किया जाता है एवं इसके बाद शव की ग्रेडिंग और चिलिंग का कार्य किया जाता है।

4. **पैकेजिंग क्षेत्र:** अक्सर पैकेजिंग क्षेत्र आंतरिक अंग निकलने वाली जगह के पास होता है जहाँ शव को वर्फ के साथ पैक किया जाता है। यदि शवों को एक–एक कर पैकेजिंग फिल्म में लपेटना हो या इन्हें आगे प्रसंस्करण के लिए इस्तेमाल करना हो तो पैकेजिंग अलग कमरे में की जाती है।
5. **शीतलीकरण कक्ष:** इस कक्ष में फ्रीजर और शीतलीकरण की सुविधायें शामिल हैं जहाँ शव को ठंडा किया जाता है या फिर जमाया जा सकता है और वितरण होने तक भंडारण में रखा जा सकता है।
6. **सहायक कमरे:** कार्यालयों, ऑफल, सफाई उपकरण, ब्रॉयलर रूम, रेफ्रिजरेटिंग उपकरण, रख–रखाव कार्य कक्ष, शौचालय, ड्रेसिंग रूम, लंच रूम, रख–रखाव कार्य और आपूर्ति के भंडारण के लिए कई सहायक कमरों की आवश्यकता होती है।

संरचनात्मक सामग्री

कंक्रीट, कंक्रीट ब्लॉक, ईंट, टाइल और संरचनात्मक स्टील का उपयोग करते हुए पोल्ट्री प्रसंस्करण इकाइयों का निर्माण किया जाता है।

सतह: प्रसंस्करण क्षेत्रों में सतह को कंक्रीट व प्लास्टर का उपयोग कर इसे चिकनी एवं सही ढलान के साथ बराबर बनाया जाना चाहिए। कमरे की सतह ऐसी होनी चाहिए कि इसकी सफाई आसानी से की जा सके एवं ढलान भी ऐसा होना चाहिए ताकि कहीं भी पानी रूकने की संभावना नहीं रहे। आकस्मिक गिरने के खतरे को कम करने के लिए गीले कार्य क्षेत्रों में सभी सतहों में बनाने के समय एक अपघर्षक पदार्थ शामिल किया जाना चाहिए। फर्श के नालियों और गटर को इस तरह डिजाइन किया जाना चाहिए कि प्रसंस्करण अपशिष्टों को बहाने के लिए यह पानी का पर्याप्त प्रवाह प्रदान कर सके। चूहे, कीड़े और सीवर गैस के भवन में प्रवेश को रोकने के लिए ट्रैप स्थापित किया जाना चाहिए।

दीवारें, खंभे और दरवाजे: इमारतों के इन हिस्सों को चिकना होना चाहिए और उन सामग्रियों से बना होना चाहिए जो फर्श से कम से कम छह फीट ऊपर नमी के लिए अभेद्य हैं, ताकि उन्हें पानी से धोया जा सके और आसानी से साफ किया जा सके। छह फीट से ऊपर की दीवार के निर्माण में चिकनी और नमी प्रतिरोधी सामग्रियों का इस्तेमाल किया जाना चाहिए।

छतः छत के निर्माण में भी चिकनी नमी प्रतिरोधी सामग्री का इस्तेमाल किया जाना चाहिए जो रंग में हल्का हो एवं बाहर की गंदगी रोकने में सक्षम हो।

पाइपलाइनः नलसाजी प्रणालियों को इस तरह से डिजाइन किया जाना चाहिए जिससे यह क्रॉस कनेक्शन, बैक साइफोन, बैक–फ्लो, लीकेज या कंडेनसेशन के माध्यम से संदूषण को रोकने के लिए ओवरध पैदा कर सके। पाइपिंग इस तरह से स्थापित की जानी चाहिए कि रिसाव न हो, अन्यथा पानी के जमाव से खाद्य उत्पादों या उपकरण को दूषित कर सकता है। गैर पीने योग्य पानी को स्पष्ट रूप से चिह्नित किया जाना चाहिए और पीने योग्य पानी के लाइन से अलग किया जाना चाहिए। पूरे संयंत्र की सफाई में उपयोग के लिए भाप और गर्म पानी के मिश्रण वाले वाल्वों को उपयुक्त स्थानों पर रखा जाना चाहिए। सफाई के लिए कम से कम 80 डिग्री सेल्सियस के तापमान पर गर्म पानी उपलब्ध होना चाहिए।

हवादारः धूल, नमी, वाष्प, गैस और गंध को हटाने के लिए प्रभावी वेंटिलेशन की आवश्यकता होती है। एक पॉजिटिव प्रेशर वाला एयर फिल्टर्ड सिस्टम बाहर से साफ हवा प्रदान करता है और प्लांट की धूल और गंदगी को बाहर से दोबारा लाने से रोकता है। तैयार उत्पाद क्षेत्र से कच्चे उत्पाद क्षेत्र तक काउंटर–फ्लो एयर सिस्टम का उपयोग किया जाना चाहिए।

प्रकाशः उपयुक्त प्रकाश के लिए निरीक्षण क्षेत्र में कम से कम 50 फुट केंडल एवं अन्य कार्यक्षेत्रों में 30 फुट केंडल की सिफारिश की जाती है। गरमागरम रोशनी की तुलना में प्रतिदीप्त प्रकाश पसंद की जाती है क्योंकि (i) यह लगभग तीन गुना अधिक कुशल है, (ii) यह दिन के उजाले की तरह प्रकाश देने में सक्षम है, (iii) यह बहुत कम गर्मी देता है और (iv) यह प्रकाश को अधिक प्रभावी ढंग से फैलाता है।

उपकरण डिजाइनः उपकरणों का उचित डिजाइन से अनेक फायदे हैं, जैसे आसान समायोजन, सफाई, निरीक्षण, सुरक्षित संचालन, रख–रखाव और भागों के प्रतिस्थापन इत्यादि। इसके अलावा, अधिकतम दक्षता के लिए लगाए गए उपकरण हेतु कार्य स्थल प्रदान करते हैं ताकि उत्पादों और सभी उपकरणों को आसानी से उपयोग किया जा सकता है। जिन उपकरणों को छत से लटकाया जा सकता है, उन्हें आवश्यक रूप से सस्पेंशन कर स्थापित करना चाहिए ताकि ज्यादा से ज्यादा जमीन को खाली रखा जा सके। इससे कार्य निष्पादन आसन होता है एवं इकाई की सफाई भी सुविधाजनक हो जाती है।

पानी की आपूर्ति और गुणवत्ताः कुक्कुट प्रसंस्करण इकाई में उपयोग किया जाने वाला पानी आवश्यक रूप पीने योग्य गुणवत्ता का होना चाहिए। पानी की आपूर्ति इकाई के उन सभी भागों जैसे स्कैल्डिंग, शव तथा उपकरणों के धुलाई कार्य हेतु, बर्फ बनाने हेतु, पकाने के कार्यों हेतु, कचरे सफाई के क्षेत्र में इत्यादि। यह देखा गया है कि प्रत्येक 100 पक्षियों के लिए फ्लो–दूर सिस्टम और गैर–प्रवाह दूर सिस्टम में औसतन 800 और 450 गैलन पानी की आवश्यकता होती है।

सफाई और स्वच्छता

स्वच्छ और पौष्टिक मांस उत्पादन के लिए पोल्ट्री प्रसंस्करण उपकरणों की सफाई और स्वच्छता बहुत महत्वपूर्ण हैं। उपकरण एवं इसके सतहों पर सफाई और स्वच्छता की दक्षता कई कारकों पर निर्भर करती है, जैसे उपकरणों के डिजाइन, मिट्टी की प्रकृति, पानी की कठोरता का स्तर, सफाई की प्रक्रिया एवं उपयोग की जाने वाले रसायन इत्यादि। अतः कारखाने और उपकरण को अच्छी तरह से सफाई को ध्यान में रखते हुए डिजाइन किया जाना चाहिए। सफाई और स्वच्छता एक पूरक प्रक्रिया है, इनमें से कोई भी अकले वांछित परिणाम प्राप्त नहीं करेगा।

सफाई कार्यों में निम्नलिखित सामान्य सिद्धांतों का पालन किया जाता है–

चरण 1: फर्श या उपकरण पर मौजूद सभी दिखाई देने वाली गंदगी/सामग्री को उठाएं जो सफाई प्रक्रिया में बाधा उत्पन्न कर सकती है।

चरण 2: मांस व वसा के कणों को नली में जाने से रोकने के लिए धोने से पहले फर्श को सूखा झाडू से सफाई करनी चाहिए।

चरण 3: इसके बाद फर्श को गर्म पानी (120–130 डिग्री फारेनहाइट) से भिगोना चाहिए जिससे इसपर मौजूद सभी कणों को ढीला किया जा सके।

चरण 4: उपयुक्त पानी के दबाव का इस्तेमाल करते हुए डिटर्जेंट से धोएं

I. कूलर और प्रशीतित कमरों की सफाई में, संक्षेपण को कम करने के लिए ठंडे पानी के डिटर्जेंट या हल्का गर्म पानी (120 डिग्री फारेनहाइट) का उपयोग करें।

II. वसा और प्रोटीन परत के जमाव को हटाने के लिए डिटर्जेंट और घीसन के साथ साथ 40 पीएसआई दबाव पर गर्म पानी (140 डिग्री फारेनहाइट) का उपयोग करें।

III. सफाई के दौरान झाग का भी प्रयोग किया जा सकता है, ये लम्बे समय तक सतह के संपर्क में रहते हैं।

चरण 5: इसके बाद गर्म पानी (150–170 डिग्री फारेनहाइट)से साफ करें।

चरण 6: उपयुक्त सैनिटाइजर का उपयोग करते हुए साफ–सफाई कार्य करें।

सफाई यौगिकों के चार अलग–अलग प्रकार हैं: हालाँकि, किसी भी एक यौगिक में सफाई कार्यों के लिए आवश्यक सभी वांछित गुण नहीं हैं। साधारणतया: कुशल सफाई कार्यों के लिए पहले अम्लीय डिटर्जेंट से सफाई करते हैं एवं इसके बाद क्षारीय डिटर्जेंट का इस्तेमाल किया जाता है। कभी–कभी इस प्रक्रिया में सतह सक्रिय यौगिक व कुछ अन्य सफाई यौगिकों का भी इस्तेमाल किया जा सकता है। खनिज यौगिकों और प्रोटीन परत को हटाने के लिए स्टेनलेस स्टील के उपकरण को कम से कम सप्ताह में एक दिन अम्लीय डिटर्जेंट से धोए जा सकते हैं।

सफाई अभियान: प्रसंस्करण इकाई की सफाई की प्रक्रिया में निम्नलिखित प्रक्रियाओं को पूरा करना आवश्यक है–

1. सभी सकल वसा, त्वचा और मांस के टुकड़ों को निकालें।
2. अब उचित तापमान पर उपयुक्त सफाई यौगिक का इस्तेमाल कर सफाई करें।
3. फिर गर्म पानी से साफ करें।
4. इसके बाद भाप व किसी अन्य सैनिटाइजर का उपयोग कर उपकरण को स्वच्छ करें।

पानी से सफाई करने हेतु में गर्म पानी उच्च दबाव पर जेट क्लीनर के माध्यम से इकाई लाया जाता है, नली के नोजल पर अंतिम दबाव लगभग 14 kgf/cm^2 का होता है। पानी का तापमान 60 डिग्री सेल्सियस से कम नहीं होना चाहिए और अधिकतम 82 डिग्री सेल्सियस। अधिक दक्षता के लिए गर्म पानी के साथ आमतौर पर डिटर्जेंट की एक निश्चित मात्रा का इस्तेमाल किया जाता है।

❑❑❑

अध्याय–7

कुक्कुट प्रसंस्करण इकाई एवं मांस उत्पादों का गुणवत्ता नियंत्रण

उपभोक्ताओं में मांस और मांस उत्पादों की मांग को बनाए रखने के लिए गुणवत्ता नियंत्रण सबसे महत्वपूर्ण पहलुओं में से एक है। गुणवत्ता नियंत्रण गतिविधियाँ वास्तव में उत्पादन से खाने की प्लेट तक शामिल हैं। बाजार में उन पोल्ट्री मांस को अच्छी प्राथमिकता मिलती है जिनका उत्पादन बेहतर प्रबंधन प्रणाली के अंतर्गत किया गया हो जैसे पोषक एवं प्रबंधन प्रणाली, स्वच्छ प्रसंस्करण और संरक्षण प्रणाली इत्यादि। यह देखा गया है कि शव मांस को खाने हेतु अनुपयुक्त घोषित होने का मुख्य कारण इसमें बीमारी के लक्षण की उपस्थिति है जो काफी हद तक प्रबंधन प्रथाओं द्वारा प्रभावित होती है।

निरीक्षण के दौरान बीमारी की वजह से शवों को खाने हेतु अनुपयुक्त घोषित होने से सबसे ज्यादा नुकसान का कारण होता है। यह देखा गया है कि खाने हेतु अनुपयुक्त घोषित होने का उच्च दर वैसे झुंडों में होता है जिसमें उत्पादन के दौरान रोग नियंत्रण कार्यक्रम संतोषजनक नहीं था। ब्रायलर के खाने हेतु अनुपयुक्त घोषित होने का सबसे महत्वपूर्ण कारक श्वसन रोग है, एवं कुछ अन्य प्रबंधकीय कारक इस प्रकार हैं– नए व अनुभवहीन उत्पादक, चूजों के लिए मानक के अनुसार घर तैयार नहीं करना, घर को कीटाणुरहित नहीं बनाये जाते हैं या एक सप्ताह से अधिक खाली नहीं रहते हैं, क्षमता से ज्यादा चूजे रखना, दाना खिलाने और पानी पिलाने वाले बर्तन का गन्दा होना इत्यादि। छाती पर लालिमा/फफोले होना से शव की गुणवत्ता स्तर में गिरावट आती है। कीट जैसे कि जूँ, घुन, टिक, और अन्य कीड़े चमरी घाव/फुंसी जैसे विकार उत्पन्न कर पोल्ट्री को काफी नुकसान पहुंचा सकते हैं। ब्लू बैक एक विकार है जो टर्की के गहरे पंख वाले किस्मों में पाई जाती है। यह टूटे हुए पंख और सूरज की रोशनी के संपर्क में आने के कारण होता है। ये दो स्थितियां त्वचा के नीचे नीले रंग के रंगद्रव्य के पैच या धब्बा का कारण बनती हैं।

प्रसंस्करण के दौरान गुणवत्ता की हानि

भीड़ के कारण पक्षियों के एक दूसरे के ऊपर आने के कारण अक्सर उनके शरीर पर खरोंच के निशान आ जाते हैं। इस प्रकार की समस्या ज्यादातर खराब

पंख वाले पक्षियों में होती है। टर्की में लड़ने या संभोग के दौरान आई पुरानी चोटें भी इस समस्या का महत्वपूर्ण कारण हैं। मुर्गी के शवों की गुणवत्ता के खराब होने का एक अन्य महत्वपूर्ण कारण वध के दौरान कम रक्तस्राव भी है। इस प्रकार के शव से प्राप्त मांस में अवांछनीय स्वाद, खराब भण्डारण, गुणवत्ता, और अनपेक्षित दिखावट की समस्या हो जाती है। इस तरह के शवों में गर्दन, कंधों, पंखों और पंखों के जड़ पर लाल धब्बे होते हैं जो भंडारण के दौरान फीका पड़ जाता है। आंत व अन्य अंगों में रक्त जमाव की समस्या रहती है। अनुचित कत्लेआम के कारण अधूरा खून बहना और लंबे समय तक साँस चलने के कारण पक्षी के फेंफड़े में स्केलडिंग टैंक से पानी चला जाता है। ऐसे पक्षियों को संदूषित माना जाता है और वे खाने योग्य नहीं होते हैं। उचित शव गुणवत्ता बनाए रखने के लिए स्केलडिंग के दौरान समय–तापमान संयोजन भी महत्वपूर्ण है। कन्वेयर लाइन अचानक रुकने या गर्म पानी में शवों के लंबे समय तक डूबे रहने के कारण शव आंशिक रूप से पक जाता है। इस प्रकार के शवों को साफ करना भी आसान नहीं है, और बैक्टीरिया के विकास, सड़न और खराब होने की आशंका रहती है।

भंडारण के दौरान गुणवत्ता की हानि

पोल्ट्री शव या मांस के लंबे या अनुचित भंडारण से इसके स्वाद में परिवर्तन आ जाता है। जीवाणु क्रियाओं और फ्रीजर जलन के कारण अपघटन की समस्या होती है। फ्रीजर जलन में पंखों के जड़ों के चारों ओर हल्के रंग के फुंसी के निशान एवं त्वचा के सतह की सतह पर अनियमित आकार के धब्बे पाए जाते हैं। हल्के रंग के धब्बे सतह के असमान सूखने के कारण होते हैं जो तापमान, सापेक्ष आर्द्रता, वायु परिसंचरण और उत्पाद के आंतरिक भाग से वाष्पीकरण सतह तक नमी की गति की दर पर निर्भर करता है। ऐसा माना जाता है कि त्वचा के नीचे वसा की असमान परत इस समस्या का एक महत्वपूर्ण कारण है। पंख हटाने के कारण भी यह समस्या ज्यादा होती है। फ्रीजर जलन वाले मांस में नमी लगभग 50–55% तक होती है, जबकि सामान्य मांस में यह लगभग 72% होती है। इस प्रकार के मांस ज्यादा सख्त, कम रसदार और पकाने के लिए कठिन होता है। फ्रीजर जलन की समस्या को कम करने के लिए मांस को नमी व वाष्प–रोधक पैकेज में पैक कर कम तापमान और उच्च आर्द्रता पर भंडारित करना चाहिए। भंडारण के दौरान अपघटन, विकृतीकरण, संदूषण, फीड और बाहरी गंध के अवशोषण के कारण मांस के स्वाद में परिवर्तन हो सकता है। वसा ऑक्सीकरण की समस्या विशेष रूप से भंडारण के अंतिम चरण में होती है जिसका मुख्य कारण भंडारण तापमान में वृद्धि है। टर्की मांस चिकन वसा की तुलना में काफी अधिक अस्थिर होता है।

□□□

भाग–II

अंडा विज्ञान और प्रौद्योगिकी

अध्याय–8

अंडे की संरचना, रासायनिक और पोषक मूल्य

अंडे की संरचना

आमतौर पर मुर्गी लगभग दो सप्ताह में एक अंडा बनाती है। यह माना जाता है कि हैचिंग के समय मादा चूजे के अंडाशय में कई छोटे–छोटे डिंब होते हैं एवं इनकी संख्या लगभग 3,000 से अधिक होने का अनुमान लगाया गया है। अंडे की जर्दी तीन चरणों में बनती है– (i) मादा चूजे के भ्रूण के विकास के दौरान, (ii) हैचिंग के बाद से मुर्गी के अंडे देने के समय दस दिन पहले तक यौन परिपक्वता के दौरान डिंब का सामान्य धीमा विकास, (iii) डिम्बोत्सर्जन से ठीक 10 दिन पहले से जर्दी तेज गति से विकसित होता है।

अंडे देने से पहले 10–12 दिनों के दौरान जर्दी का निर्माण होता है। इसकी संरचना में लेटेबरा, जर्मिनल डिस्क और विटेलाइन झिल्ली से घिरे पतले एवं मोटे परत शामिल हैं। अंडे की कुल वजन का 30 से 33 प्रतिशत भाग जर्दी होता है। डिम्बोत्सर्जन के दौरान जर्दी थैली या कूपिक झिल्ली एक पूरी तरह से विकसित जर्दी को डिंबवाहिनी के ऊपरी छोर में छोड़ देती है। अंडे का सफेद या एल्ब्यूमेन कुछ घंटों में बनता है और अंडे के कुल वजन का लगभग 60 प्रतिशत हिस्सा होता है। एल्ब्यूमेन की चार परतें होती हैं। इनमें चलेजा से निकलते हुए विटेलाइन झिल्ली से सटे आंतरिक मोटे सफेद चेलेजफेरस परत होते हैं। अगली बाहरी परत को भीतरी पतली सफेद परत कहते हैं एवं यह बाहरी मोटी सफेद परत से घिरी होती है। सबसे बाहरी परत को बाहरी पतली परत कहा जाता है। इन सभी परतों में पाए जाने वाले कुल एल्ब्यूमेन की मात्रा व्यापक रूप से मुर्गी की प्रजाति, उम्र, और अंडे की उम्र पर निर्भर करता है।

अंडे की अगली परतें आंतरिक और बाहरी शेल झिल्ली होती हैं। अपेक्षाकृत पतले केरोटिन की तरह दिखने वाली झिल्ली अंडे को जीवाणुओ के संक्रमण से बचाने में महत्वपूर्ण भूमिका निभाती है। आंतरिक झिल्ली बाहरी झिल्ली की तुलना में पतली है, लेकिन दोनों मिलकर केवल 0.01–0.02 मिमी मोटी परत है। बाहरी

आवरण व खोल अंडे के कुल वजन का 9–12% होता है। इसमें मुख्य रूप से कैल्शियम कार्बोनेट (94%) होता है एवं कम मात्रा में मैग्नीशियम कार्बोनेट (1%), कैल्शियम फॉस्फेट (1%), और कार्बनिक पदार्थ मुख्यतः प्रोटीन (4%) भी पाए जाते हैं। रंगीन अंडों में रंग शेल की सतह पर जमा होने वाले पिगमेंट्स (ऊपोरफिन) के कारण होता है। शेल की बनावट एक खास तरह की होती है जिसमें गैस विनिमय के लिए कई छिद्र होते हैं जिनकी संख्या 7,000–17,000 तक होती है। हालांकि ये छिद्र आंशिक रूप से प्रोटीन (केरोटिन) द्वारा बंद रहते हैं मगर इससे अंडे से कार्बन डाइऑक्साइड और नमी निकल सकती है। अंडे के चौड़े छोर पर दो झिल्लियों के पृथक्करण से एक हवा से भरी जगह बन जाती है जिसे एयर सेल कहा जाता है और भण्डारण के दौरान अंडे में नमी एवं कार्बन डाइऑक्साइड की मात्रा में कमी होने के कारण इसके आकर में वृद्धि होती है।

अंडे के खोल, झिल्ली, एल्ब्यूमेन और जर्दी की रासायनिक संरचनाः

अंडे का खोल दो भागों से बना होता है– मैट्रिक्स, जिसमें प्रोटीन फाइबर और गोलाकार द्रव्यमान और अंतरालीय कैल्साइट क्रिस्टल का जटिल गुंथन होता है। अंडे के खोल में खोल मैट्रिक्स और कैल्साइट क्रिस्टल का अनुपात 1: 50 होता है। मैट्रिक्स के दो भाग होते हैं– मैमिलरी मैट्रिक्स और स्पंजी मैट्रिक्स, जिसकी भिन्नता इसमें उपस्थित पॉलीसेकेराइड की अभिरंजन क्षमता से की जाती है। बाहरी शेल झिल्ली के प्रोटीन फाइबर से मैमिलरी मैट्रिक्स क्षेत्र जुड़ा रहता है। शंकु बनाने के लिए प्रत्येक मैमिलरी मैट्रिक्स के भीतर कैल्साइट क्रिस्टल या दृच्छिक रूप से जुड़े होते हैं।

झिल्ली में लगभग 90% प्रोटीन होता है, जिसमें ग्लाइसिन, ग्लूटामिक एसिड, लाइसिन, सिस्टीन और टायरोसिन की अत्यधिक मात्रा पाई जाती है। पॉलीसेकेराइड्स के घटक के रूप में हेक्सोसामाइन, गैलेक्टोज, मैनोस, फ्यूकोस, ग्लूकोज और सियालिक एसिड पाए जाते हैं।

अंडे के खोल के नीचे दो खोल झिल्ली होते हैं एवं आंतरिक झिल्ली एल्ब्यूमेन की सतह से जुड़ा रहता है। बाहरी झिल्ली की मोटाई 48μ और आंतरिक झिल्ली की मोटाई लगभग 22μ होती है। बाहरी झिल्ली अंडे के खोल से फाइबर संघों के कई शंकु द्वारा मजबूती से जुड़ी होती है।

जैसा कि पहले उल्लेख किया गया है कि एल्ब्यूमेन/अंडे का सफेद 4 अलग–अलग परतों से बना होता है। विभिन्न परतों की नमी की मात्रा इस प्रकार होती है–

परत	औसत अनुपात (%)	सीमा (%)	नमी (%)
1. बाहरी पतली सफेद	23.2	10–60	88.8
2. बाहरी मोटी सफेद	57.3	30–80	87.6
3. भीतरी पतली सफेद	16.8	1–4	86.4
4. चेलेजफेरस परत	2.7	–	84.3

पानी एल्ब्यूमेन का प्रमुख घटक है और आमतौर पर बाहरी से भीतरी परतों तक इसकी मात्रा घटती जाती है। एल्ब्यूमेन में कुल ठोस की मात्रा 11 से 13% तक होती है, हालांकि यह मुर्गियों की उम्र, प्रजाति, अंडे के आकार आदि पर निर्भर करता है। यह पाया गया है कि प्रत्येक ग्राम अंडे के वजन में बढ़ोतरी से एल्ब्यूमेन प्रोटीन की मात्रा 0.09 ग्राम बढ़ती है। जर्दी मुक्त एल्ब्यूमेन में लिपिड की मात्रा नगण्य होती है।

अंडे का घटक	प्रोटीन (%)	वसा (%)	कार्बोहाइड्रेट (%)	खनिज (%)
1. एल्ब्यूमेन	9.7–10.6	0.03	0.4–0.9	0.5–0.6
2. जर्दी	15.7–16.6	31.8–35.5	0.2–1.0	1.1
3. पूरा अंडा	12.8–13.4	10.5–11.8	0.3–1.0	0.8–1.0

तालिका 1: अंडा के एल्ब्यूमेन में पाए जाने वाले प्रोटीन

एल्ब्युमेन प्रोटीन के प्रोटीन	मात्रा (%)	गुणवत्ता
1. ओवएल्ब्यूमेन	54	फॉस्फो–ग्लाइको–प्रोटीन
2. ओवोट्रांसफेरिन	12	धातुई आयनों को बांधता है
3. ओवोम्यूकोइड	11	ट्रिप्सिन की कार्यक्षमता को घटाना
4. ओवोमुकिन	3.5	सियालोप्रोटिन
5. लाईसोजाइम	3.4	बैक्टीरिया के संक्रमण को रोकता है
6. जी 2 ग्लोब्युलिन	4.0	–
7. जी 3 ग्लोब्युलिन	4.0	–
8. ओवोइनहीबिटर	1.5	इनहिबिट सेरीन प्रोटीज
9. ओवोग्लाइ को प्रोटीन	1.0	सियालोप्रोटिन
10. ओवोमैक्रोग्लोबुलिन	0.5	प्रबल रूप से एंटीजेनिक
11. सिस्टैटिन	0.05	थायोप्रोटीएजेज के प्रभाव को कम करना
12. एविडिन	0.05	बायोटिन से जुड़ना
13. ओवोफ्लेवोप्रोटीन	0.8	राइबोफ्लेविन से जुड़ना

जर्दी में कुल ठोस की मात्रा लगभग 52 प्रतिशत एवं नमी 48 प्रतिशत होती है। जर्दी ठोस में वसा (31.8–35.5%), प्रोटीन (15.7–16.6%), कार्बोहाइड्रेट (0.2–1.0%) और खनिज (1.1%) शामिल हैं। वसा में 65.5% ट्राइग्लिसराइड, 28.3% फॉस्फोलिपिड, और 5.2% कोलेस्ट्रॉल होता है। औसतन एक जर्दी में लगभग 226 मिलीग्राम कोलेस्ट्रॉल होता है।

अंडे का पोषक मूल्य

अंडे में लगभग 75 प्रतिशत पानी होता है और यह उच्च जैविक मूल्य प्रोटीन का समृद्ध स्रोत होता है। अक्सर अंडे की प्रोटीन गुणवत्ता को मानक के रूप में इस्तेमाल करते हुए अन्य सभी खाद्य प्रोटीन की गुणवत्ता मापी जाती है। अंडे को आवश्यक असंतृप्त फैटी एसिड (लिनोलेनिक 18:2 एन 6) का एक महत्वपूर्ण स्रोत बन जाता है, साथ ही इसमें ओलिक एसिड, आयरन फास्फोरस, ट्रेस खनिज, वसा में घुलनशील विटामिन ए, डी, ई और के और पानी में घुलनशील बी की प्रचुर मात्रा पाई जाती है। अंडा विटामिन डी का एक अच्छा स्रोत है लेकिन इसमें कैल्शियम कम मात्र में पाई जाती है एवं विटामिन सी नहीं पाई जाती है।

अंडा सभी उम्र के व्यक्तियों के लिए पोषक तत्वों का एक अनूठा, संतुलित स्रोत प्रदान करता है। बच्चे के लिए प्रसंस्कृत भोजन के आगमन से पहले उबले अंडे की जर्दी का उपयोग लोहे के एक प्रमुख पूरक स्रोत के रूप में होता रहा है। अभी भी घर पर उबले अंडे की जर्दी शिशुओं के लिए एक व्यावहारिक और वांछनीय पूरक है। अंडा के सेवन से बच्चों में तेजी से विकास के दौरान शरीर की पोषक तत्वों की जरुरतों में महत्वपूर्ण योगदान देता है, और इसलिए छोटे बच्चों और किशोरों के लिए एक उत्कृष्ट भोजन है।

अंडे की उच्च पाचनशीलता और केंद्रित पोषक तत्व उन्हें बीमारी से उबरने के लिए एक मूल्यवान खाद्य स्रोत बनाते हैं। ज्यादातर डाइट और सर्जरी या अन्य बीमारी से बचाव के दौरान पहला हल्का या नरम आहार में आमतौर पर अंडे शामिल होता है। वैसे बुजुर्ग जिन्हें कम कैलोरी की आवश्यकता है, मगर पोषक तत्वों को पचाने और अवशोषित करने में अधिक कठिनाई होती है, उनके लिए आहार में अंडे का होना मूल्यवान और स्वीकार्य हैं। बुजुर्गों में अंडे आसानी से पचते हैं और अवशोषित होते हैं जिससे कई आवश्यक पोषक तत्वों की पूर्ति हो जाती है।

मुर्गी के आहार में वसा को जोड़कर अंडे की जर्दी की फैटी एसिड संरचना को आसानी से संशोधित किया जाता है। विटामिन और ट्रेस खनिज मूल्य की मात्रा भी बहुत हद तक राशन के विटामिन या खनिज की मात्रा पर निर्भर करती है।

अंडे में पोषक तत्वों का रासायनिक विश्लेषण निम्नलिखित तालिका में प्रस्तुत किया गया है:–

तालिका 3: अंडे में पोषक तत्वों का रासायनिक विश्लेषण (50 ग्राम के एक अंडे के लिए)

पोषक इकाई	पूरा अंडा	उजला भाग	जर्दी
रासायनिक घटक			
कुल ठोस (ग्रा.)	13.47	4.6	8.8
नमी (%)	73.7	87.6	48
कैलोरी	84.0	19.0	64
प्रोटीन (ग्रा.)	6.60	3.88	2.74
कुल वसा (ग्रा.)	6.00	–	5.80
खनिज (ग्रा.)	0.55	0.26	0.29
वसा			
वासीय अम्ल (ग्रा.)			
एस. एफ. ए.	2.01	–	1.95
यू. एस. एफ. ए.	3.26	–	3.22
कोलेस्ट्रॉल (मि.ग्रा.)	226	–	226
लेसिथिन (ग्रा.)	1.27	–	1.22
सिफेलिन (ग्रा.)	0.253	–	.0241

अंडे की संरचना को प्रभावित करने वाले कारक:

कई कारक ऐसे हैं जिनका सीधा प्रभाव अंडों के पोषक तत्वों की मात्रा एवं गुणवत्ता पर पड़ता है। इनमें उम्र, नस्ल और प्रजाति, राशन और पर्यावरण के तापमान, अंडे के भंडारण की स्थिति और भंडारण अवधि और प्रसंस्करण इत्यादि शामिल हैं।

मुर्गियों की नस्ल, प्रजाति और उम्र का प्रभाव: अण्डों का आकार इसमें उपस्थित पोषक तत्व की संरचना को प्रभावित कर सकता है। अंडे के आकार में भिन्नताएं मुर्गी की नस्ल और या प्रजाति कारण होती हैं। कभी–कभी एक ही नस्ल व प्रजाति के मुर्गियों के अंदर भी अण्डों के आकर में भिन्नता देखी जा सकती है। मुर्गियों के उम्र का असर अण्डों के आकार पर भी पड़ता है, शुरुआत के अंडे बाद में की तुलना में आकार में छोटे होते हैं। हालांकि, जर्दी का अनुपात बड़े अण्डों की तुलना में छोटे अंडों में अधिक होता है। जैसे ही अंडे का आकार बढ़ता है, जर्दी

की सापेक्ष मात्रा घट जाती है, लेकिन कुल निरपेक्ष मात्रा बढ़ जाती है। एक वर्ष या इससे अधिक समय तक अंडे देने वाली मुर्गियों के अंडे का आकार बड़ा होता है, साथ ही इसमें जर्दी की मात्रा ज्यादा होती है एवं इसमें खाने योग्य भाग भी अपेक्षाकृत ज्यादा होता है। जर्दी में नाइट्रोजन और वसा की मात्रा पर आयु का कोई प्रभाव नहीं होता है, लेकिन पुराने मुर्गियों द्वारा उत्पादित अंडे के उजले भाग में कुल ठोस की मात्रा कम होती है। वसा और कोलेस्ट्रॉल की मात्रा और वसा की आयोडीन संख्या को मुर्गियों की प्रजाति महत्वपूर्ण रूप से प्रभावित करती है। एक प्रजाति के भीतर अंडे में कुल ठोस और वसा में कोलेस्ट्रॉल की मात्रा में भिन्नता भी देखी गई है।

ताजे अंडे की नमी और प्रोटीन और सूखे अंडे के प्रोटीन पर मुर्गियों की प्रजाति का महत्वपूर्ण प्रभाव है। अंडे की कुल ठोस, एल्ब्यूमिन ऊंचाई, हॉग इकाइयों और प्रति अंडे प्रोटीन के वजन मुर्गियों के उम्र या मौसम से काफी प्रभावित होता है। मौसम का प्रभाव अंडे के सोडियम, कैल्शियम और क्लोरीन की मात्रा पर अत्यधिक महत्वपूर्ण प्रभाव देखा गया है लेकिन पोटैशियम, फास्फोरस और प्रोटीन की मात्रा पर बहुत कम या कोई प्रभाव नहीं होता है।

पर्यावरण का प्रभावः जब मुर्गियाँ अधिक या कम तापमान के वातावरण में पाली जाती हैं तो इससे प्राप्त अंडे के आकार के साथ–साथ इसकी पौष्टिक गुणवत्ता भी काफी प्रभावित होती है। 30 डिग्री सेल्सियस तापमान पर रखी गई मुर्गियाँ 10 और 20 डिग्री सेल्सियस तापमान पर रखी गई मुर्गियों की तुलना में छोटे अंडे का उत्पादन करती हैं। उच्च तापमान से अंडे के सभी घटक समान रूप प्रभावित होते हैं, लेकिन पानी का प्रतिशत सभी आकार के अंडों में समान होता है। पर्यावरण का तापमान अंडे के विभिन्न घटकों के जमा होने के दर को प्रभावित करता है जिससे इसके आकार पर भी असर होता है। विभिन्न तरीकों से नियंत्रित पर्यावरणीय तापमान पर मुर्गीपालन किया जा सकता है परन्तु अत्यधिक गर्मी का अंडे के आकार पर कोई महत्वपूर्ण प्रभाव नहीं पड़ता है।

मुर्गी के आहार का प्रभावः आहार अंडे की वसा अम्ल संरचना को प्रभावित कर सकता है, लेकिन प्रोटीन, खनिज और विटामिन एवं कैलोरी के अनुपात को नहीं बदला जा सकता है। मकई का तेल खिलाने से अंडे में सभी लिपिड अंशों के साथ लिनोलिक एसिड की मात्रा में तुरंत वृद्धि होती है और ओलिक एसिड के स्तर में कमी आती है। आहार में 8% मकई तेल शामिल करने से अंडे की जर्दी के कुल फैटी एसिड का 20 प्रतिशत लिनोलिक एसिड की मात्रा हो सकती है।

भंडारण और प्रसंस्करण का प्रभावः बिना उपचारित अंडे की तुलना में प्लास्टिक या हल्के खनिज तेल के साथ लेपित अंडों की नमी में कमी नहीं होती है और भंडारण के दौरान पीएच में वृद्धि होती है। कमरे के तापमान पर रखे गए लेपित अंडे में थायमिन की मात्रा में थोड़ी भिन्नता देखी गई है लेकिन राइबोफ्लेविन की मात्रा स्पष्ट रूप से बढ़ती है। अपेक्षाकृत लंबे समय तक अंडे को कोल्ड स्टोरेज में रखने से कुछ पोषक तत्वों की मात्रा में कमी आ सकती है। अंडे को शून्य डिग्री सेल्सियस तापमान पर 12 महीने संग्रहित करने पर विटामिन ए की मात्रा लगभग 10 प्रतिशत कम हो जाती है और अधिकांश कमी चौथे और आठवें महीने के बीच होती है। वसा के वितरण और इसमें फैटी एसिड की मात्रा अपरिवर्तित रहती है।

जमे हुए और सूखे अंडों का पोषक मूल्य मूल रूप से ताजे अंडों के समान होता है। ठंड प्रक्रियाओं द्वारा सुखाने से पोषक तत्वों का कोई महत्वपूर्ण नुकसान नहीं होता है। उचित रूप से संग्रहित करने पर सूखे और जमे हुए अंडों के पोषक तत्वों में कोई नुकसान नहीं होता है।

पकाने का प्रभावः कड़ी, पकी और तले हुए अंडों की तुलना से पता चलता है कि किसी भी विधि से पकाने पर इसके थायमिन की मात्रा पर कोई प्रभाव नहीं पड़ता है। हालांकि, तले हुए अंडों में हार्ड–कुक या कच्चे अंडे की तुलना में लगभग 20 प्रतिशत कम राइबोफ्लेविन होता है। पोच्ड और कड़ी, पके हुए अंडे में लगभग 0.22 प्रतिशत थ्रेओनीन का नुकसान होता है।

अंडे के पोषक मूल्य के बारे में गलत धारणा

कुछ उपभोक्ताओं का मानना है कि अंडे का खोल रंग, उच्च गुणवत्ता और उच्च पोषक मूल्य का संकेत है, और वे वांछित खोल रंग के अंडों के लिए अधिक भुगतान करने के लिए तैयार होते हैं। अंडे का रंग, चाहे वह गहरा हो या सफेद, सीधे तौर पर मुर्गियों की नस्ल या प्रजाति से संबंधित होता है और अंडे की पोषक गुणवत्ता पर कोई प्रभाव नहीं पड़ता है। जैंथोफिल की उपस्थिति के कारण जर्दी गहरे रंग का होता है एवं इसका अंडे के पोषक मूल्य से कोई सम्बन्ध नहीं है। जर्दी का रंग अंडे की पौष्टिकता को प्रभावित करने वाली विचारधारा सदियों पुरानी है जब मुर्गियाँ खेतों में पली जाती थीं जहाँ उन्हें घास खाने को मिलता था जिसमें जैंथोफिल्स के साथ–साथ कुछ आवश्यक विटामिन जैसे ए और डी भी मौजूद होते हैं। व्यावसायिक अंडे उत्पादन के लिए वर्तमान राशन में बड़ी मात्रा में सिंथेटिक विटामिन डाली जाती है जो बेरंग व वसा में घुलनशील होती है। राशन में पर्याप्त

मात्रा में जैंथोफिल–युक्त तत्व शामिल होता है जिससे जर्दी में वांछित मध्यम पीला रंग आ जाता है।

कुछ विशेषज्ञों का कहना है कि उपजाऊ अंडे गैर–उपजाऊ अंडे की तुलना में अधिक पौष्टिक होते हैं, लेकिन इस तरह की सिफारिश की पुष्टि करने के लिए कोई वैज्ञानिक प्रमाण मौजूद नहीं है, संभव अपवाद के साथ कि विकासशील भरूण थोड़ा अधिक पोषक तत्व प्रदान कर सकता है। बेशक, अगर एक भ्रूण पर्याप्त रूप से विकसित हो गया है, तो पोषक तत्व की मात्रा में काफी वृद्धि होती है एवं कुछ लोग ऐसे अंडे का उपयोग करना चाहते हैं। उपजाऊ अंडे का उत्पादन करना अधिक महंगा है और नॉनफर्टाइल अंडे की तुलना में अधिक तेजी से खराब हो जाता है।

सामान्य व्यावसायिक राशन पर मुर्गियों द्वारा अंडा उत्पादन की तुलना में जैविक अंडे को अधिक सुरक्षित और अधिक पौष्टिक के रूप में प्रचारित किया जा सकता है। हालांकि, जैविक आहार सामान्य वाणिज्यिक की तरह संतुलित नहीं होने पर मुर्गियों से प्राप्त अंडे का पोषण मूल्य कम हो जाता है। संपूर्ण उपभोक्ता मांग की तुलना में जैविक अंडे का उत्पादन कम होने के कारण ऐसे अंडे अधिक महंगे हो सकते हैं। कुछ व्यक्ति कच्चे अंडों को पकाने की तुलना में अधिक सुपाच्य मानते हैं लेकिन पके हुए अंडे कच्चे की तुलना में अधिक आसानी से पचते हैं, लेकिन अंततः दोनों पूरी तरह से पचते हैं और अवशोषित होते हैं।

□□□

अध्याय–9

अंडा प्रोटीन और उनके भौतिक – रासायनिक गुण

अंडे की संरचना

तरल पूरे अंडे, औसतन, 64% सफेद और 36% जर्दी (64:36) होते हैं। सफेद में लगभग 12% ठोस पदार्थ होता है, मुख्यतः प्रोटीन (10.5%) जिसमें खनिज और कार्बोहाइड्रेट की छोटी मात्रा होती है (जिनमें से आधा चीनी होती है)। पतली और मोटी एल्ब्यूमेन की प्रोटीन रचनाएं केवल ओवोमुसीन सामग्री में भिन्न होती हैं। दूसरी ओर जर्दी में लगभग 50% ठोस पदार्थ होते हैं जो वसा के रूप में दो–तिहाई (32%) और एक तिहाई प्रोटीन (16%) है। पानी एल्ब्यूमेन परतों का प्रमुख घटक है। विभिन्न प्रकार के अंडे के सफेद प्रोटीन को निम्नानुसार दिखाया गया है–

जर्दी को जटिल प्रणाली के रूप में वर्गीकृत किया जा सकता है जिसमें प्रोटीन लाइवटीन समाधान में निलंबित कणों की एक किस्म होती है। कणों के मुख्य प्रकार हैं– जर्दी के गोले, मुफ्त तैरने वाली बूंदें या दाने, कम घनत्व वाले लिपोप्रोटीन और मायलिन। जर्दी के गोले व्यास और रंग में भिन्न होते हैं। पीले रंग के गोले बड़े (25 से 150μ व्यास के) होते हैं और इसमें सफेद गोले (व्यास में 4–75μ) की तुलना में कई कसकर भरी बूंदें होती हैं, जिनमें प्रोटीन द्रव में कुछ बूंदें होती हैं।

❑❑❑

अध्याय–10

खोल–युक्त अंडे की गुणवत्ता का रख–रखाव

खाने योग्य अंडे का खोल स्वच्छ और बरकरार होने के साथ–साथ अच्छी आंतरिक गुणवत्ता और वांछनीय स्वाद होना चाहिए। इसके लिए अण्डों का एकत्रण, सफाई, ग्रेडिंग, रख–रखाव, पैकिंग, भण्डारण, यातायात और वितरण के बेहतर तरीकों को अपनाना बहुत जरूरी होता है।

अण्डों का एकत्रणः यह प्रक्रिया अंडे को एक स्थान पर एकत्र करने और इकट्ठा करने को संदर्भित करता है। अंडों की गुणवत्ता बनाए रखने के लिए दिन में कम से कम 3 से 4 बार अंडों का संग्रह करना चाहिए। गर्मी के महीनों में संग्रह की आवृत्ति (5 से 6 गुना) बढ़ाई जानी चाहिए ताकि अंडों के अधिक तापमान के जोखिम को कम किया जा सके। अंडे को सामान्यतः रबर या प्लास्टिक की टोकरी में एकत्र किया जाना चाहिए और खोल के नुकसान के जोखिम को कम करने के लिए एक टोकरी में ज्यादा अंडों को नहीं रखना चाहिए। इसके बाद इन्हें ठंडे/प्रशीतित होल्डिंग रूम (12–15 डिग्री सेल्सियस) में रखा जाता है।

अंडे की सफाईः केवल गंदे और अच्छे खोल वाले अंडे को साफ करना चाहिए। सूखे अपघर्षक के उपयोग से अंडों की सूखी सफाई या उन्हें गीले कपड़े से पोंछना समय लगने वाली और असंतोषजनक प्रक्रिया है। इसलिए, डिटर्जेंट–सैनिटाइजर का उपयोग करते हुए गीली सफाई उपयुक्त मानी जाती है। डिटर्जेंट–सैनिटाइजर घोल का तापमान अंडे के तापमान से कम से कम 10 डिग्री सेल्सियस अधिक होना चाहिए ताकि घोल का अंडे के अंदर प्रवेश नहीं हो सके। धोने के घोल को हर 5–6 खेप अंडे धोने के बाद बदल देना चाहिए। इस उद्देश्य के लिए हमारे देश में एक साधारण बैच प्रकार के अंडे की वाशिंग मशीन विकसित की गई है। लगातार छिड़काव और स्क्रब डिवाइस वाला स्प्रे अंडा वॉशर आमतौर पर बड़े पैमाने पर उपयोग किया जाता है।

अंडे का ग्रेडिंगः यह अंडे को वजन और गुणवत्ता के आधार पर विभिन्न श्रेणियों में वर्गीकृत करने की एक प्रणाली है। अंडे की ग्रेडिंग में निम्नलिखित बिंदुओं का ध्यान रखना होता हैः खोल की दृढ़ता एवं साफ–सफाई, आंतरिक गुणवत्ता जैसे मोटे एल्ब्यूमेन की दृढ़ता, जर्दी की स्थिति, रक्त–धब्बे और वायु सेल

का आकार। वाणिज्यिक उपयोग के लिए कैंडलिंग के साथ छँटाई की सुविधा वाला ऑटोमैटिक एग कैंडलिंग मशीन भी विकसित की गई है। टेबल अंडे के लिए एगमार्क (AGMARK) मानक निम्नलिखित तालिका में दर्शाया गया है।

एगमार्क: टेबल अंडों के प्रत्येक कंटेनर में AGMARK शब्द को रखने वाली लीड सील के माध्यम से ग्रेड पदनाम चिह्न संलग्न किया जाना चाहिए जो स्पष्ट रूप से निम्नलिखित विवरण दिखाएगा: i) टेबल अंडे का ग्रेड ii) अंडों की संख्या iii) अंडों का कुल वजन और iv) ग्रेडिंग स्टेशन का नाम। टेबल अंडों के प्रत्येक कंटेनर के ग्रेड चिह्न में ग्रेड निर्दिष्ट करने वाले निम्नलिखित रंगों में एक लेबल होना चाहिए–

अत्यधिक बड़े – सफेद
बड़े – लाल
मध्यम – ब्लू
छोटा – पीला

ग्रेड	**वजन (ग्रा.)**	**खोल**	**वायु सेल**	**एल्ब्युमेन**	**जर्दी**
A– अत्यधिक बड़े	60 या ज्यादा	दृढ और साफ,	4 मिमी तक की गहराई, व्यावहारिक रूप से नियमित या बेहतर	स्पष्ट, यथोचित दृढ़ व्यावहारिक रूप से दोशों से मुक्त, अलग रूपरेखा	बहुत अच्छी तरह से केंद्रित,
A–बड़े	53–59	सामान्य आकार			
A–मध्यम	45–52				
A–छोटे	38–44				
B–अत्यधिक बडे	60 या ज्यादा	साफ या मामूली दाग, दृढ़ और थोड़ा असामान्य	गहराई में 8 मिमी, स्वतंत्र और थोड़ा बुलबुले हो सकती है	साफ, थोड़ा कमजोर हो सकता है	थोड़ा दूर–केंद्रित हो सकता है, रूपरेखा थोड़ी दिखाई दे सकती है
B–बड़े	53–59				
B–मध्यम	45–52				
B–छोटे	38–44				

पैकिंग और परिवहन: अंडे की उचित पैकेजिंग उन्हें गंदगी से बचाती है और भंडारण, परिवहन और वितरण के दौरान नुकसान को कम करती है। पैकेजिंग

सामग्री साफ होनी चाहिए और उन्हें अधिकतम गद्देदार प्रभाव प्रदान करना चाहिए। अलग–अलग ग्रेड के अंडों को उनके चौड़े भाग को ऊपर रखते हुए साफ ढाले हुए कागज के गूदे या प्लास्टिक भराव के फ्लैट में अलग से पैक किया जाता है। भराव वाले फ्लैटों जिसमें 210 या 360 अंडे रखने के लिए दो आकारों के नालीदार कार्डबोर्ड बक्से को रेल या सड़क द्वारा परिवहन के लिए तैयार किया गया है। इसके अलावा अंडे की खुदरा बिक्री के लिए एकल पंक्ति (6 अंडे) और डबल पंक्तियों (12 अंडे) वाले कागज के गूदे या पारदर्शी पॉलीस्टायर्न फोम के डिब्बों को उपभोक्ता पैक के रूप में उपयोग किया जाता है। विकसित देशों में पैक किए गए अंडे को प्रशीतित वैन में ले जाया जाता है।

अंडों का संरक्षणः जैसा कि अंडा नाजुक और खराब होने वाली वस्तु है, इसे सही से संभाल कर जल्द से जल्द बजार में भेजना चाहिए। हालांकि, अंडा के अधिक उत्पादन और/बाजार में कम मांग की स्थिति में, विशेष रूप से गर्मियों के महीनों में अंडों का संरक्षण जरूरी होता है। शेल–युक्त अंडे और तरल अंडे के संरक्षण के लिए कई तरीके हैं।

शेल–युक्त अंडे का संरक्षणः शेल–युक्त अंडे के संरक्षण की विधि में दो सिद्धान्तों का उपयोग किया जाता हैः– सूक्ष्मजीवों की वृद्धि को रोकना एवं खोल के छिद्रों को सील करना। शेल सीलिंग उपचार से पानी के वाष्पीकरण और कार्बन डाइऑक्साइड के पलायन में कमी आती है जिसके कारण अंडे की आंतरिक गुणवत्ता के खराबी के लिए उतरदायी कुछ भौतिक–रासायनिक परिवर्तन मंद हो जाते हैं।

ऊष्मीय उपचारः इस पद्धति में अण्डों के भण्डारण क्षमता को बढ़ाने के लिए गर्मी का उपयोग किया जाता है और इसमें फ्लैश हीट उपचार और थर्मोस्टैबलाईजेसन शामिल हैं। कभी–कभी अधिक प्रभावी संरक्षण के लिए थर्मोस्टैबलाईजेसन से साथ–साथ तेल की परत का उपयोग किया जाता है।

फ्लैश हीट उपचार में अंडे को उबलते पानी में पांच सेकंड के लिए डुबाया जाता है। इस पद्धति का लाभ यह है कि यह शेल सतह पर मौजूद कुछ जीवाणुओं नष्ट हो जाते है और विशिष्ट तापमान बनाए रखने के लिए किसी तापमान नियंत्रक की आवश्यकता नहीं होती है। इस पद्धति में एल्ब्यूमेन की एक पतली परत शेल झिल्ली के नीचे जम जाती है जो आंतरिक रूप से शेल छिद्रों को सील कर देती है।

थर्मोस्टैबिलाइजेशन प्रक्रिया में अंडे को 15 मिनट के लिए 54 डिग्री सेल्सियस या 10 मिनट के लिए 56 डिग्री सेल्सियस या 5 मिनट के लिए 60 डिग्री सेल्सियस पर गर्म पानी में डुबोया जाता है। एल्ब्यूमेन की मोटी परत जमने से अनुपचारित कच्चे अंडों की तुलना में ऐसे अण्डों को लम्बे समय तक भंडारित किया जा सकता है। इस प्रक्रिया में एक पास्चराइजिंग प्रभाव भी प्राप्त होता है।

परिरक्षक घोल में अण्डों को डुबोना: ग्रामीण क्षेत्र में अंडे के संरक्षण के लिए चूने के पानी और वाटर–ग्लास का उपयोग किया जा सकता है।

चूने का पानी: इस विधि में एक किलोग्राम त्वरित चूने (CaO) में थोड़ा उबलते पानी मिलाया जाता है। तरल को कमरे के तापमान तक ठंडा करने पर लगभग 4 से 5 लीटर पानी और 225 ग्राम नमक मिलाया जाता है और मिश्रण को छान लिया जाता है। प्लास्टिक तार वाले बास्केट में रखे अंडे को 16 से 18 घंटे तक इस तरल में डुबोकर रखे जाते हैं और इसके बाद उन्हें कमरे के तापमान पर सुखाया जाता है। चूने के पानी का परिरक्षक प्रभाव मुख्य रूप से शेल सतह पर कैल्शियम कार्बोनेट की एक पतली फिल्म के जमाव के कारण होता है जो आंशिक रूप से छिद्रों को बंद कर देता है।

इसके अलावा, चूने के पानी की क्षारीयता कुछ परिरक्षक प्रभाव भी डालती है। प्रक्रिया में शामिल रासायनिक प्रतिक्रिया इस प्रकार है–

$$CaO + H_2O \rightarrow Ca(OH)_2$$
$$Ca(OH)_2 + CO_2 \rightarrow CaCO_3 + H_2O$$

वाटर ग्लास विधि: इस विधि में सोडियम सिलिकेट के एक भाग को पानी के 10 भागों के साथ मिलाकर तैयार किया जाता है। इस घोल में अंडों को 12 घंटे तक डुबोया जाता है, फिर भंडारण से पहले कमरे के तापमान पर सुखाया जाता है। इस प्रक्रिया में खोल की सतह पर जमा सिलिका का एक पतला छिद्रों को सील कर देता है। इसके अलावा वाटर–ग्लास में कुछ एंटीसेप्टिक गुण भी होते हैं और यह अंडों को किसी भी अवांछनीय स्वाद या गंध प्रदान नहीं करता है।

तेल की परत चढ़ाना: तेल कोटिंग द्वारा अंडे का संरक्षण का व्यावसायिक महत्व है। यह छिद्रों को सील करने के लिए खोल की सतह में तेल की एक पतली फिल्म बनाकर अंडे को संरक्षित करता है। यह उपचार अंडे की गुणवत्ता को संरक्षित करने में ऊपर वर्णित विधियों से बेहतर है। अंडों को इकट्ठा करने के कुछ घंटों के भीतर तेल की परत चढ़ाई जानी चाहिए ताकि बेहतर आंतरिक गुणवत्ता

बनाए रखी जा सके। तेल कोटिंग से पहले गंदे अंडे को धोया जाना चाहिए। कोटिंग के लिए इस्तेमाल किया जाने वाला तेल रंगहीन, गंधहीन, फ्लोरोसेंट सामग्री से मुक्त और कम चिपचिपाहट वाला होना चाहिए। वनस्पति तेल, जैसे मूंगफली के तेल में 125 ppm के स्तर पर एंटीऑक्सीडेंट (BHT) मिलाकर एक अच्छा सीलिंग एजेंट बनाया जा सकता है। हालांकि, भंडारण के दौरान ऑक्सीडेटिव परिवर्तनों के लिए कम संवेदनशीलता के कारण परिष्कृत खाद्य ग्रेड खनिज तेल (तरल पैराफिन) का ज्यादा उपयोग किया जाता है। इस उद्देश्य के लिए अंडे का लेप तेल भी विकसित किया गया है। अंडे को तेल में डुबोकर या तेल का छिड़काव करके लेपित किया जा सकता है।

तेल में डूबने की प्रक्रिया में अण्डों से भरी टोकरियों को गर्म तेल (45 डिग्री सेल्सियस) में 5 से 7 सेकंड के लिए डुबोया जाता है, फिर टोकरी को बाहर निकाल कर अतिरिक्त तेल को पैकिंग और भंडारण से पहले निकाल दिया जाता है। ऑयल स्प्रे विधि का उपयोग तेल में डूबने की प्रक्रिया के बदले अपनाया जा सकता है क्योंकि स्प्रे विधि अधिक किफायती और सुविधाजनक है। गरम तेल (55 डिग्री सेल्सियस) को अंडे के खोल के चौड़े छोर पर छिड़का जाता है, जहां छिद्र बहुतायत में होते हैं। इस प्रयोजन के लिए फ्लिट पंप प्रकार या किसी अन्य उपयुक्त स्प्रेयर का उपयोग किया जा सकता है। हालांकि यह खोल की सतह के तीन चौथाई छिद्र को ही सील करता है लेकिन अंडे के खोल की गुणवत्ता को बनाए रखने में तेल में डुबोने की प्रक्रिया के समान प्रभावी है।

तेल लेपित अंडों को क्रमशः 5, 13, 26 और 38 डिग्री सेल्सियस पर 120, 60, 28 और 10 दिनों के लिए सुरक्षित रूप से संग्रहित किया जा सकता है। इन तापमानों पर बिना उपचारित अंडे के भंडारण की समय–सीमा क्रमशः 60, 30, 7 और 5 दिन है।

प्रतिशित भण्डारणः अंडे के प्रतिशित भंडारण हेतु सुविधाओं को ठीक से डिजाइन किया जाना चाहिए और हमेशा साफ रखना चाहिए। इसके तीन मुख्य खंड हैं, जैसे, खेतों से प्राप्त अंडे के लिए प्राप्ति क्षेत्र, ग्रेडिंग और पैकेजिंग के लिए प्रसंस्करण क्षेत्र, और पैकेज्ड अंडे के भंडारण के लिए कोल्ड स्टोर। स्वच्छता और गुणवत्ता नियंत्रण के लिए इन क्षेत्रों को पक्की दीवार की सहायता से अलग किया जाना चाहिए। कभी–कभी पहले दो कार्य पैकिंग क्षेत्र में ही किए जाते हैं जहां से अंडे को बस्ते में ठंडे घर में भेजा जाता है।

पूर्व–भंडारण उपचारः कोल्ड स्टोरेज से पहले साफ अंडे को गंदे अंडे से अलग किया जाता है और गंदे अण्डों को अलग से धोया जाता है, बाद में इन्हें वर्गीकृत कर पैक किया जाता है। सभी अंडों को परखा जाता है और जिस किसी अंडे के खोल में या उसके आंतरिक गुणवत्ता में खराबी पाई जाती है, उन्हें संग्रहित नहीं किया जाना चाहिए। अलग–अलग ग्रेड के अंडे अलग–अलग पैक किए जाते हैं। भंडारण की अवधि बढ़ाने के लिए अंडे को पैकेजिंग से पहले छिड़काव विधि द्वारा तेल लेपित किया जाता है।

कोल्ड स्टोरेज और भण्डारण की अवधिः भण्डारण से पहले अंडे की गुणवत्ता के साथ–साथ कोल्ड रूम का तापमान और सापेक्ष आर्द्रता (R-H-) भण्डारण की अवधि निर्धारित करते हैं। एक महीने तक के भंडारण हेतु भण्डारण कक्ष में 75–80% अपेक्षित आर्द्रत्ता एवं 10–12 डिग्री सेल्सियस तापमान होना चाहिए, जबकि 3 महीने तक के लिए समान आर्द्रता में 4–6 डिग्री सेल्सियस पर संग्रहित किया जाना चाहिए। बहुत लंबे समय तक (5–8 महीने) भंडारण के लिए भंडारण कक्ष का तापमान –1.7 से 0.5 डिग्री सेल्सियस, अपेक्षित आर्द्रत्ता 80–85% होना चाहिए। अंडे को तेल लेपित करने से इन्हें इन भंडारण तापमान पर लंबी अवधि के लिए अच्छी तरह से रखा जा सकता है।

हालांकि, किसी भी अवस्था में कोल्ड स्टोरेज का तापमान –2 डिग्री सेल्सियस से नीचे होना चाहिए अन्यथा एल्ब्यूमेन के जमने एवं अंडे के खोल में दरार पड़ने की संभावना बढ़ जाती है। इसी प्रकार अपेक्षित आर्द्रता 85% से अधिक नहीं होना चाहिए, अन्यथा फफूंद के वृद्धि की संभावना बढ़ जाती है। अंडे के नमूनों को समय–समय पर किसी भी खराबी के लिए जांच की जानी चाहिए ताकि कोल्ड स्टोरेज की कुशलता को सुनिश्चित किया जा सके।

भण्डारण–उपरांत अंडों की देखभालः कोल्ड स्टोरेज में कम तापमान (<8 °C) पर भंडारित अंडे खोल सतह पर पानी का संघनन होता है जिसे पसीना कहा जाता है। इसलिए उन्हें बाजार में भेजने से पहले लगभग 8–12 घंटे के लिए 15 से 20 डिग्री सेल्सियस के तापमान पर एक कमरे में रखा जाना चाहिए। कोल्ड स्टोरेज अंडे को अधिमानतः 5 दिनों के भीतर उपयोग विपणन किया जाना चाहिए, जबकि तेल लेपित अंडे को 10 दिनों के भीतर उपयोग किया जाना चाहिए।

तरल अंडे का संरक्षणः घरेलू खाद्य बाजारों और निर्यात के लिए तरल अंडे को जमा कर या इसका निर्जलीकरण कर संरक्षण किया जाता है। अण्डों की

अत्यधिक उपलब्धता के समय इस प्रकार से तरल अण्डों को संरक्षित कर बाजार में बेचा जा सकता है।

तरल अंडे को जमानाः कम तापमान जीवाणुओं के विकास और कुछ भौतिक–रासायनिक प्रतिक्रियाओं को रोकता है जिससे तरल अंडे की गुणवत्ता भण्डारण के दौरान बरकरार रहती है। तरल अंडे को जमाने से पहले एल्ब्यूमेन और जर्दी को अलग कर या पूरे अंडे को जमाया जा सकता है एवं इसका उपयोग अन्य खाद्य उत्पादों में किया जा सकता है। तरल अंडे को जमाने से पहले इसे अच्छी तरह से मिक्स कर छानते हैं, तत्पश्चात इसका पास्चुरिकरण कर धातु या प्लास्टिक से बनी उपयुक्त आकर (2 से 5 किलो) के डिब्बे में भरकर–30 से–40 डिग्री सेल्सियस वाले ब्लास्ट फ्रीजर में रखकर त्वरित जमाया जाता है एवं इस उत्पाद को 6–8 महीनों के लिए –18 डिग्री सेल्सियस पर भंडारित किया जा सकता है। जमाने की प्रक्रिया से एल्ब्यूमेन के कार्यात्मक गुणों में कोई महत्वपूर्ण परिवर्तन नहीं होता है। फ्रोजन एग एल्ब्यूमेन से बने अंडों के उत्पाद की गुणवत्ता ताजा एल्ब्यूमेन से बनी उत्पाद के सामान होती है। जर्दी या पूरे तरल अंडे को जमाने पर यह मोटी, ढेलेदार और विशाल द्रव्यमान के रूप में दिखाई देता है और इन्हें अन्य खाद्य सामग्री के साथ मिलाना मुश्किल हो जाता है।

जमे हुए पूरे अंडे के तरल की तुलना में जमे हुए जर्दी में जेल की मात्रा अधिक कठोर होती है। अंडे की जर्दी में जेल बनने की प्रक्रिया इसके जमने की दर और तापमान के साथ–साथ भंडारण के समय और तापमान से भी प्रभावित होता है। अंडे की जर्दी का हिमांक लगभग –1 डिग्री सेल्सियस होता है, फिर भी जब तक इसका तापमान –6 डिग्री सेल्सियस नहीं हो जाता है, तब तक जेल बनना आरम्भ नहीं होता है। जर्दी का जेल बनने की प्रक्रिया –18 डिग्री सेल्सियस पर सबसे अधिक तेजी से होता है।

धीमी गति से ठंडा करने और पिघलने की तुलना में तेजी से ठंडा करने और विगलन करने पर प्रोटीन का कम निर्जलीकरण होता है क्योंकि इस प्रक्रिया में बर्फ के छोटे क्रिस्टल बनते हैं।

सूक्ष्मजीवीय गुणवत्ता में बदलावः सामान्य तौर पर, फ्रीजिंग से अंडे के उत्पादों में सूक्ष्मजीवों की संख्या एवं इसकी वृद्धि कम हो जाती है, हालांकि उनकी संख्या विगलन के समय बढ़ जाती है। बेसिलस, अल्कलीजेन और प्रोटीयस नामक तीन जीवाणु अंडे के उत्पादों में सबसे अधिक पाए जाते हैं, और इनमें बेसिलस जीवाणु सबसे ज्यादा (लगभग 84 प्रतिशत) होते हैं, तो बैसिलस इन उत्पाद में

मौजूद प्रॉमिनेंट जीनस है। यह आमतौर पर यह माना जाता है कि अकेले ठंड जमाने से अंडे के उत्पादों में पाए जाने वाले किसी भी जीवाणु को शत–प्रतिशत नष्ट नहीं किया जा सकता है। हालांकि, इस जीव को 16 डिग्री, 27 डिग्री और 37 डिग्री सेल्सियस पर नमकीन जर्दी के भंडारण से नष्ट किया जा सकता है। बढ़ती नमक सांद्रता से इस जीवों पर अत्यधिक असर पड़ता है।

सुखाने (निर्जलीकरण) द्वारा संरक्षणः भोज्य पदार्थों से पानी के निष्कासन से सूक्ष्मजीवों के विकास में बाधा उत्पन्न होती है और भोजन के घटकों में विभिन्न प्रकार की रासायनिक प्रतिक्रियायें भी धीमी हो जाती हैं और इस प्रकार, इसकी गुणवत्ता का संरक्षण होता है। इस प्रक्रिया का उपयोग कर अलग–अलग एल्ब्यूमेन, जर्दी और पूरे अंडे से सूखे अंडा उत्पादों को बनाया जाता है एवं इन उत्पादों का उपयोग खाद्य और गैर–खाद्य उद्योगों में आसानी से किया जा सकता है। यदि अण्डों को ठीक से सुखाया जाता है, तो इनकी गुणवत्ता ताजा अण्डों की गुणवत्ता के बराबर होती है। अंडे के निर्जलीकरण के कुछ मुख्य लाभ इस प्रकार हैं– आसान संचालन, भण्डारण जगह की बचत, परिवहन लागत में कमी और ऐसे उत्पादों के भंडारण के लिए प्रशीतन की आवश्यकता नहीं होती है।

अंडे का मिश्रण बनानाः ताजा अंडे को सूखे अंडे के उत्पादों में बदलने की प्रक्रिया में निम्नलिखित क्रियाएँ शामिल हैं– अंडे को धोना और उन्हें हाथ या मशीन द्वारा कप में अलग–अलग तोड़ना, गंध और रिक्त–स्थान का निरीक्षण करना, संपूर्ण तरल, एल्ब्यूमेन या जर्दी का अलग–अलग संग्रह करना, मिश्रित करना, छानना, डिशुगराइजेसन, प्रस्तुतिकरण, निर्जलीकरण आदि शामिल हैं। छानने की प्रक्रिया द्वारा तरल अंडे से चलेजा, विटेलिन झिल्ली और शेल कणों को हटाया जाता है। डिशुगरिंग प्रक्रिया द्वारा अंडों में उपस्थित शर्करा यानी ग्लूकोज को कम किया जाता है, इसके लिए ऑक्सीडेज एंजाइम या बेकर खमीर का उपयोग किया जाता है। अंडे में उपस्थित शर्करा यानी ग्लूकोज को कम करने के अनेको फायदे है जैसे निर्जलीकरण प्रक्रिया के दौरान ब्राउनिंग (मैलाड) प्रतिक्रिया का नियंत्रण, भण्डारण के दौरान अंडे के पावडर के स्वाद एवं घुलनशीलता में कमी नहीं आना।

यदि सूखे अंडे के उत्पाद को मानव खाद्य पदार्थों में उपयोग किया जाना हो तो साल्मोनेला प्रजाति सहित सभी रोगजनक रोगाणुओं को नष्ट करने के लिए तरल अंडे को निर्जलीकरण से पहले पास्चुरिकृत करना अनिवार्य होता है।

तरल अण्डे और जर्दी का पास्चुरीकरण पहली बार वर्ष 1930 में किया गया था। सामान्यतया दो प्रकार के पास्चुरीकरण उपकरण का उपयोग किया जाता है– i) बैच पास्चुराइजर, और ii) निरंतर प्लेट प्रकार हीट एक्सचेंजर (HTST)। बैच पास्चुराइजर में हीटिंग और कूलिंग डिवाइस के साथ–साथ एक हिलाने वाला यन्त्र भी लगा रहता है। बैच पास्चुराइजेशन के लिए पूरे अंडे के तरल को 56 डिग्री सेल्सियस पर 35 मिनट या 57 डिग्री सेल्सियस पर 15 मिनट के लिए गर्म करने की आवश्यकता होती है। प्लेट हीट एक्सचेंजर में 3.5 मिनट के लिए 60 डिग्री सेल्सियस तक गर्मी की आवश्यकता होती है। आजकल औद्योगिक संस्थानों में प्लेट हीट एक्सचेंजर (निरंतर प्रक्रिया) का व्यापक रूप से उपयोग किया जा रहा है। यह प्रक्रिया दूध पास्चुरीकरण के उपयोग में ली जाने वाली एचटीएसटी पास्चुराइजिंग सिस्टम पर आधारित है।

तरल अंडा उत्पाद पास्चुरीकरण का उद्देश्य सभी रोगजनक बैक्टीरिया को मारना है और साथ–साथ खाद्य खराब होने वाले जीवाणुओं की संख्या को भी कम करना है ताकि यह लम्बे भंडारण अवधि तक मानव उपभोग के लिए सुरक्षित हो सके। अंडे के उत्पादों के माध्यम से मानव बीमारी पैदा करने वाले सबसे अधिक रोगजनक बैक्टीरिया साल्मोनेला एंटरिटिड्स, साल्मोनेला टाइफाइम्यूरियम, लिस्टेरिया मोनोसाइटोजेनस, यरसिनिया एंटरोकोलिटिका, कैम्पिलोबैक्टर जीज्यून और स्टैप्टोकोकस फिकेलिस शामिल हैं।

तालिकाः विभिन्न तरल अंडे उत्पादों के पास्चुरीकरण के लिए समय के तापमान की आवश्यकताएं

अंडे का उत्पाद	तापमान (डी.से.)	समय (मिनट)
एल्ब्यूमेन	57	3.5
पूरा अंडा (प्लेन)	60	3.5
पूरा अंडा (साल्टेड, 2–10%)	63	3.5
पूरा अंडा (शुगर्ड, 2–12%)	61	3.5
जर्दी (प्लेन)	61	3.5
जर्दी (शुगर्ड)	63	3.5

पास्चुराइजेशन की पर्याप्तता के लिए टेस्ट

पास्चुराइजेशन की पर्याप्तता के निर्धारण के लिए कुछ सरल परीक्षणों की पहचान की गई है। इन परीक्षणों में फॉस्फटेज, अल्फा–एमाइलेज और केटालेज एंजाइम गतिविधि का परीक्षण शामिल हैं।

फॉस्फेटेज एंजाइम गतिविधिः यह परीक्षण दूध के लिए उपयोगी है मगर अण्डों के लिए नहीं क्योंकि 60 डिग्री सेल्सियस पर 20 मिनट या 70 डिग्री सेल्सियस पर 5 मिनट के लिए गर्म किये गए अंडे में फॉस्फेट एंजाइम की गतिविधि रहती है। इसलिए अंडा उत्पादों के लिए यह परीक्षण उपयोगी नहीं है।

अल्फा–एमाइलेज परीक्षणः अंडे को 64 डिग्री सेल्सियस पर 2.5 मिनट के लिए गर्म करने पर अल्फा–एमाइलेज एंजाइम नष्ट हो जाता है। यह परीक्षण ब्रिटिश मानक के लिए उपयोगी है जो 64 डिग्री सेल्सियस का उपयोग करता है, लेकिन U.S.A के लिए उपयुक्त नहीं (60 डिग्री सेल्सियस, 3.5 मिनट)।

कैटलेज एक्टिविटी टेस्टः यह अंडा उत्पादों के लिए बहुत उपयोगी और आदर्श है क्योंकि एल्ब्यूमेन और पूरे अंडे को 54 डिग्री सेल्सियस तक गर्म करने से कैटलेज गतिविधि कम हो जाती है। इसलिए, यह पास्चुरीकरण दक्षता का एक अच्छा संकेतक है।

सुखाने के तरीके

अंडे के निर्जलीकरण के विभिन्न तरीके हैं जिसमें से स्प्रे पद्धति एक प्रचलित प्रणाली है एवं इसका उपयोग पूरे तरल अंडे, एल्ब्यूमेन या जर्दी को पाउडर के रूप में परिवर्तित करने में होता है। इस प्रक्रिया में तरल अंडों की छोटी–छोटी बूंदों को स्प्रे ड्रायर के गर्म वायु कक्ष से गुजारते हैं जहाँ बहुत तेजी से वाष्पीकरण की वजह से अंडे का तरल तुरंत पाउडर में बदल जाता है।

अंडे के पाउडर बनाने हेतु आरेख प्रवाह चित्र

अंडे की सफाई एवं निरीक्षण
(2% डिटर्जेंट–सैनिटाइजर, 40 डिग्री सेल्सियस तापमान पर 3 मिनट के लिए धोना है)

↓

अंडों को तोड़ना एवं निरीक्षण करना

↓

मिश्रित करना एवं छानना

↓

प्रास्चुरिकरण
(प्लेट हिट एक्सचेंजरस 62.5 डिग्री सेल्सियस पर 3.5 मिनट के लिए)

↓

डिशुगराइजेशन
(ग्लूकोज–ऑक्सीडेज एंजाइम या बेकर यीस्ट)

↓

पुनः पास्चुरिकरण

↓

स्प्रे ड्राइंग
(नमीः 4–5ः, इनलेट हवा का तापमानः 160 डिग्री सेल्सियस आउटलेट हवा का तापमानः 60 डिग्री सेल्सियस, औटोमाइजर का स्पीडः 2000 आरपीएम)

↓

वेक्यूम ड्राइंग
(नमी की मात्रा 2ः तक कम करने के लिए वैक्यूम सेल्फ ड्रायर में 60 डिग्री सेल्सियस पर 2–3 घंटों के लिए)

↓

नाइट्रोजन की उपस्थिति में धातु के डिब्बे या लचीले पाउच में पैकेजिंग

↓

भंडारण
(नाइट्रोजन के बिना कमरे के तापमान पर 6 महीने और नाइट्रोजन के साथ कमरे के तापमान पर 12 महीने)

एल्ब्यूमेन फ्लेक्स के उत्पादन के लिए बड़ी तश्तरी का उपयोग किया जाता है। तरल एल्ब्यूमेन की एक पतली परत धातु की ट्रे में डाली जाती है और गर्म ओवन में 54–56 डिग्री सेल्सियस तापमान पर सुखाया जाता है। एक अन्य विधि जिसमें एल्ब्यूमिनियम बेल्ट पर तरल अंडे की पतली परत फैलाई जाती है एवं इसे गर्म हवा की भाप के माध्यम से पास कराया जाता है। इस पद्धति में एक संशोधन कर तरल अंडे को फोम में परिवर्तित कर छिद्रित बेल्ट या चटाई पर एक

पतली परत में सुखाया जाता है। इससे एक दानेदार अंडा उत्पाद देता है। फ्रीज ड्राइंग विधि में तरल अंडे को कम तापमान पर जमा लिया जाता है, तत्पश्चात इसे फ्रीज ड्रायर वैक्यूम के तहत सुखाया जाता है। हालांकि इस विधि से प्राप्त सूखे अंडे उत्पादों की गुणवत्ता बहुत बेहतर होती है, लेकिन फ्रीज ड्राइंग की लागत इसके व्यावसायिक अनुप्रयोग के लिए निषेधात्मक कारक है।

सूखे अंडे के उत्पादों की मात्राः 4 किलो तरल अंडे या 8 किलो का एल्ब्यूमेन या 2.2 किलो जर्दी से एक किलो संबंधित सूखे अंडे के उत्पाद प्राप्त किये जा सकते हैं।

अंडा उत्पादः पारंपरिक लोकप्रिय अंडे उत्पाद जैसे आमलेट, उबला हुआ, पोच और तले हुए अंडे इत्यादि के अलावा उपभोक्ताओं की मांग को पूरा करने और अंडे की खपत बढ़ाने के लिए विभिन्न सुविधाजनक अंडा उत्पादों के निर्माण की तकनीक विकसित की गई है। कुछ महत्वपूर्ण मूल्यवर्धित अंडा उत्पादों का विवरण, पैकेजिंग और भंडारण की विधि नीचे वर्णित है–

अंडा पाउडरः स्प्रे ड्राइंग विधि का उपयोग कर तरल अंडे से अंडा पाउडर तैयार किया जाता है। अण्डों को तोड़ने से पहले 3 मिनट के लिए 40 डिग्री सेल्सियस पर 2% सोडियम हाइपोक्लोराइट में धोकर निरीक्षण कर लेना चाहिए। इसके बाद तरल अंडे मिश्रित कर छान लेते हैं एवं 62.5 डिग्री सेल्सियस तापमान पर 3.5 मिनट के लिए प्लेट हीट एक्सचेंजर में पास्चुरीकृत किया जाता है। डिशुगराइजेशन के लिए 0.5 प्रतिशत की दर से खमीर मिलाकर 90 मिनट के लिए 30 डिग्री सेल्सियस पर किण्वन किया जाता है, तत्पश्चात इसे पुनः पास्चुरीकृत किया जाता है और फिर एक स्प्रे ड्रायर में सुखाया जाता है जिसमें इनलेट तापमान 160 और आउटलेट तापमान 60 डिग्री सेल्सियस रखना होता है।

इस प्रकार प्राप्त पूरे अंडे के पाउडर में लगभग 5% नमी होती है। इसलिए, तैयार उत्पाद में 2% से नीचे नमी लाने के लिए इसे 2–3 घंटे के लिए 60 डिग्री सेल्सियस तापमान पर वैक्यूम ड्रायर में फिर से सुखाया जाता है। अंडों के पाउडर को नाइट्रोजन की उपस्थिति में धातु के डिब्बे या पेपर एल्यूमीनियम पन्नी–पॉलीइथाइलीन (PFP) में पैक किया जा सकता है और इसकी गुणवत्ता व् विशेषताओं में बिना किसी नुकसान के कमरे के तापमान पर एक वर्ष के लिए संग्रहित किया जा सकता है। इस पाउडर से आमलेट तैयार करने के लिए अंडे के पाउडर के एक हिस्से को तीन भाग गुनगुने पानी में मिला कर स्वादानुसार नमक, मसाले और अन्य सामग्री मिलाया जा सकता है। अंडा पाउडर के और कई उपयोग हैं जिसमे खाद्य आधारित उत्पादों के अलावा अन्य उद्योग भी शामिल हैं।

तालिका: अंडा पाउडर के लिए बीआईएस (BIS) मानक (आईएसः 4723–1978)

क्र.सं.	विशेषताएँ	आवश्यकता
1.	नमी (%), अधिकतम	2.0
2.	प्रोटीन (%), न्यूनतम	45.0
3.	वसा (%), न्यूनतम	40.0
4.	घुलनशीलता (%), न्यूनतम	85.0
5.	बोरिक अम्ल	अनुपस्थित
6.	कार्बनिक फास्फोरस पेंटोक्साइड (P_2O_5):, न्यूनतम	1.25
7.	कुल खनिज (%), अधिकतम	3.6
8.	एसिड अघुलनशील खनिज (%), अधिकतम	0.10
9.	ऑक्सीजन की मात्रा (%), अधिकतम	2.0
10.	प्रति ग्राम कुल जीवाणुओं की संख्या, अधिकतम	75,000
11.	प्रति ग्राम कोलीफॉर्म जीवाणुओं की संख्या, अधिकतम	100
12.	प्रति ग्राम खमीर और मोल्ड की संख्या, अधिकतम	50
13.	साल्मोनेला	अनुपस्थित

दानेदार जर्दी पाउडर बनाना: अंडे की जर्दी को अच्छी तरह से मिक्स कर छान लिया जाता है। इसके बाद इसे पास्चुरीकृत कर इसका झाग बनाते हैं एवं इसे छिद्रित बेल्ट पर स्प्रे करते हुए गर्म चैम्बर से गुजरते हैं जिससे झाग सूख जाता है। फिर उत्पादित सूखे उत्पाद को वांछित दानेदार बनाने के लिए कुचल दिया जाता है। सुखाने से पहले जर्दी से ग्लूकोज निकालने से प्राप्त उत्पाद की गुणवत्ता अच्छी होती है। सूखे दानेदार जर्दी का उपयोग स्पंज केक, डोनट्स और कुकीज के निर्माण में किया जा सकता है क्योंकि इसमें उत्कृष्ट पायसीकारी और बाध्यकारी गुण होते हैं। अंडे के पाउडर की तरह ही जर्दी के दानेदार उत्पाद को भी पैक किया जा सकता है। हालांकि, जब कांच के कंटेनरों का उपयोग किया जाना हो तो इनका रोशनी के लिए अपारदर्शिता होना जरूरी होता है। अन्यथा जर्दी पिगमेंट के ऑक्सीकरण की संभावना होती है।

एल्ब्यूमेन फ्लेक्स: पैन ड्राइंग विधि द्वारा अंडे के एल्ब्यूमेन (सफेद) से तैयार किया गया एक क्रिस्टलीय उत्पाद है। दो प्रकार के एल्ब्यूमेन फ्लेक्स तैयार किये जा सकते हैं – खाद्य और अखाद्य। खाद्य ग्रेड फ्लेक को ताजा, पौष्टिक अंडों से तैयार किया जाता है और सुखाने से पहले तीन मिनट के लिए 54 से 56 डिग्री सेल्सियस पर पास्चुराइज किया जाता है। इस उत्पाद का उपयोग केक, कैंडी और

कन्फेक्शनरी के उत्पादन में किया जाता है। निम्न ग्रेड और क्षतिग्रस्त अंडों का उपयोग कर गैर–खाद्य एल्बमेन फ्लेक्स का उत्पादन किया जा सकता है एवं इसका इस्तेमाल ऑफसेट प्रिंटिंग और अन्य उद्योगों में उपयोग किया जा सकता है।

एल्ब्यूमेन फ्लेक्स तैयार करने की प्रक्रिया में अंडे को तोड़ना और जर्दी से एल्ब्यूमेन को अलग करना शामिल है। एल्बयुमेन को फिर से होमोजेनाइज्ड, डीसुगर्ड, पास्चुरीकृत (खाद्य ग्रेड फ्लेक के लिए) किया जाता है और धातु ट्रे पर एक पतली परत में डाला जाता है और मध्यम तापमान (50–54 डिग्री सेल्सियस) पर 12–16 घंटे से लगभग 8% नमी आने तक सुखाया जाता है। उत्पाद एक क्रिस्टलीय रूप में बदल जाता है। इसे एयरटाइट ग्लास या मेटल कंटेनर में पैक किया जाता है और इसे कमरे के तापमान पर 6 महीने तक स्टोर किया जा सकता है। उपयोग से पहले इसे रात भर पानी में भिगोया जाता है। ब्यूरो ऑफ इंडियन स्टैंडर्ड्स स्पेसिफिकेशन (IS% 6557–1972) के अनुसार एल्ब्यूमेन फ्लेक्स (गैर–खाद्य गुणवत्ता) के मानक निम्नानुसार दिया गया है–

क्र.सं.	विशेषताएँ	आवश्यकता
1.	नमी (%), अधिकतम	8
2.	पी एच	5.5–6.0
3.	घुलनशीलता (%), न्यूनतम	80.0
4.	ग्लूकोस (%), अधिकतम	0.10

एग ऑमलेट मिक्सः घरों या रेस्तरां और फास्ट फूड आउटलेट में ऑमलेट की तैयारी में लगने वाले समय को कम करने के लिए डिहाइड्रेटेड एग ऑमलेट मिक्स जैसे उत्पादों की खोज की गई है। इसके तैयारी का नुस्खा निम्नलिखित तालिका में दिया गया है–

क्र.सं.	सामग्री	मात्रा (%)
1.	अंडे का पाउडर	74
2.	वनस्पति तेल	5
3.	प्याज के सूखे छल्ले	15
4.	सूखी हरी मिर्च	2
5.	नमक	2
6.	सफेद मिर्च पाउडर	2

ऑमलेट मिश्रण को लचीले कागज–एल्ब्यूमीनियम फॉयल–पॉलीइथाइलीन (PFP) में पैक किया जा सकता है, जिसमें नाइट्रोजन जैसे अक्रिय गैस के साथ पैकिंग करने पर इसे 12 महीनों जबकि बिना गैस के 9 महीने तक रखा जा सकता है। ऑमलेट बनाने के लिए डिहाइड्रेटेड ऑमलेट मिक्स के एक हिस्से को तीन हिस्से पानी के साथ अच्छी तरह मिलाकर तला जाता है।

तले हुए अंडे का मिश्रण: आमलेट मिश्रण की तरह जल्द तैयार होने वाले उत्पादों की श्रृंखला में निर्जलित तले हुए अंडे के मिश्रण का उत्पादन किया गया है। तले हुए अंडे को धातु के डिब्बे या पीएफपी के पाउच में भी पैक किया जाता है। इस उत्पाद को सामान्य परिवेश के तापमान पर 6 महीने तक भंडारित किया जा सकता है। यदि नाइट्रोजन की उपस्थिति में पैक किया जाए तो इसे एक वर्ष तक अच्छी तरह से रखा जा सकता है।

तालिका: तले हुए अंडे के मिश्रण के लिए आवश्यकतायें

क्र.सं.	**सामग्री**	**मात्रा (%)**
1.	अंडे का पाउडर	77.5
2.	मिल्क पाउडर	15.0
3.	नमक	2.0
4.	सफेद मिर्च पावडर	0.5
5.	वनस्पति तेल	5.0

एंजेल केक: इसे एग एल्ब्यूमेन से तैयार किया जाता है। एक विशिष्ट नुस्खा और इसकी तैयारी के तरीके नीचे दिए गए हैं–

क्र.सं.	**सामग्री**	**मात्रा (%)**
1.	तरल एल्ब्यूमेन	40
2.	चीनी का पाउडर	30
3.	केक का आटा	25
4.	गेहूं का स्टार्च	3.8
5.	मोनोकैल्शियम फास्फेटस	0.6
6.	नमक	0.5
7.	सोडियम बाइकार्बोनेट	0.1

एक इलेक्ट्रिक मिक्सर का उपयोग करते हुए अंडे के एल्ब्यूमेन, मोनोकैल्शियम फॉस्फेट, नमक और चीनी के मिश्रण को उच्च गति से 5 मिनट के लिए मिलाया जाता है। केक के आटे, गेहूं के स्टार्च और सोडियम कार्बोनेट जैसे अन्य अवयवों को भी मिलाकर लगभग 30 मिनट के लिए 190 डिग्री सेल्सियस पर गर्म हवा ओवन में रख कर पकाया जाता है। तैयार उत्पाद बहुत नरम एवं स्वादिष्ट होता है।

स्पंज केकः स्पंज केक बनाने के लिए पूरे अंडे के तरल या जर्दी का उपयोग किया जाता है। हालांकि इस तरह के केक में केक का आटा प्रमुख घटक है, लगभग 18% जर्दी वाले बैटर से बने स्पंज केक को गोल्ड केक कहा जाता है और 25% तरल अंडे के उपयोग से प्राप्त केक को पाउंड केक कहा जाता है। इसके अलावा फॉर्मूलेशन में नमक, चीनी, पोटैशियम बाईटारटरेट और वनिला का उपयोग किया जाता है। बेकिंग का समय और तापमान एंजेल केक के सामान ही होता है।

डिब्बाबंद अंडा करीः यह डिब्बा–बंद खाने योग्य तैयार अंडा उत्पाद है। उबले अण्डों को छिलने के बाद खाद्य तेल में हल्के भूरे रंग आने तक तले जाते हैं। नमक, मसालों (लहसुन, अदरक और प्याज) को मिला कर ग्रेवी तैयार की जाती है। तले अंडे और ग्रेवी को 55:45 (5%) के अनुपात में मिलाया जाता है एवं इसे धातु के डिब्बे में 1–5 सेमी हेडस्पेस छोड़ भर दिया जाता है और सील कर दिया जाता है। सील किए गए डिब्बे को रिटोर्टिंग मशीन में 1 किग्रा/सेमी^{2} दबाव पर लगभग 20 मिनट के लिए पकाया जाता है जिससे इसमें उपस्थित सभी प्रकार के जीवाणु नष्ट हो जाएं। डिब्बाबंद अंडे की करी को एक वर्ष तक भंडारित किया जा सकता है और इसके दौरान अण्डों को टूटना नहीं चाहिए एवं इसके स्वाद में भी बदलाव नहीं आना चाहिए।

अंडे का अचारः अचार बनाना अंडे के संरक्षण और विपणन का एक प्रभावी तरीका है एवं बटेर के अंडे (वजन लगभग 10 ग्राम) का उपयोग करते हुए एक खाने योग्य तैयार पौष्टिक उत्पाद प्राप्त हो सकता है। उपभोक्ताओं के स्वाद के अनुरूप सिरका और तेल आधारित अचार बनाने के लिए सरल, किफायती और कुशल तरीके विकसित किए गए हैं। अगर भंडारण बहुत लंबी अवधि के लिए नहीं करना हो तो उत्पाद को भंडारण, परिवहन और विपणन के लिए प्रशीतन की आवश्यकता नहीं होती है। फास्ट फूड आउटलेट के अलावा, स्कूल जाने वाले बच्चों के मिड डे मील कार्यक्रम में अचार वाले अंडे को उनकी पोषण स्थिति में सुधार करने के लिए एक महत्वपूर्ण स्थान मिल सकता है।

सिरका आधारित अचार अंडे: अचार बनाने हेतु अंडे की ठोस रूप में आवश्यकता होती है। इसके लिए ताजे अंडे को 24 घंटे के लिए कमरे के तापमान पर रखा जाता है एवं इसके बाद गर्म पानी में बटेर के अण्डों को लगभग 10 मिनट और चिकन अंडे को 15 मिनट के लिए उबाला जाता है। उबलने के तुरंत बाद अण्डों को गर्म पानी से निकालकर ठंडा पानी का उपयोग करते हुए अण्डों को ठंडा किया जाता है जिससे अण्डों को छिलने में सुविधा होती है। अण्डों को हाथ या मशीन की सहायता से छिलकर धोया जाता है। केवल ठीक से छीले, दरार–मुक्त अंडे ही अचार के लिए उपयुक्त होते हैं। क्षतिग्रस्त एल्ब्यूमेन दिखाने वाले अंडे का उपयोग सलाद ड्रेसिंग के लिए किया जा सकता है। सिरका आधारित अचार तैयार करने की प्रक्रिया में अचार के घोल (50% सिरका, 8% आम नमक, 2% मसाला मिश्रण, 0.02% टार्ट्राजिन (अनुमत खाद्य रंग) और 2% लहसुन और अदरक का पेस्ट) और अंडे अनुपात 1:1 (w/v) रखते हुए अण्डों को घोल में डुबाया जाता है। घोल को लगभग 10 मिनट तक उबाला जाता है, जिसे साफ मलमल के कपरे से छान लिया जाता है और गर्म घोल को ग्लास जार या खाद्य ग्रेड प्लास्टिक के जार में डालकर ठंडा किया जाता है और अंडों को ऊपर से डाला जाता है। जार को बंद कर परिवेश के तापमान पर 2 दिनों (बटेर अंडे) और 4 दिनों (चिकन अंडे) तक रखा जाता है, इसके पश्चात् यह उत्पाद खाने के लिए तैयार हो जाता है।

पैकेजिंग: अंडों के अचार को कांच या प्लास्टिक के जार में पैक किया जा सकता है। हालांकि, इन पारंपरिक कठोर कंटेनरों के विकल्प के रूप में अंडे के आचार को 300 गेज मोटाई एवं उच्च घनत्व वाले पॉलीथीन (एचडीपीई) पाउच में भी पैक किया जा सकता है और कमरे के तापमान (26–32 डिग्री सेल्सियस) और प्रशीतन तापमान (5 डिग्री सेल्सियस) पर क्रमशः 4 और 12 महीनों के लिए संग्रहित किया जाता है। बिना घोल के अंडे के अचार को एचडीपीई पाउच में पैक करने से न केवल पैकेजिंग और परिवहन लागत में कमी आती है बल्कि इसमें रिसाव की समस्या भी नहीं होती है।

तेल आधारित अंडे का अचार: घरेलू प्रकार की तैयारी के लिए तेल–सह–मसाले आधारित मसालेदार अचार बनाने की प्रक्रिया में अंडे को उबलने और छिलने की प्रक्रिया पहले वर्णित विधि के अनुसार ही की जाती है। मिक्स मसाला और मसालों (लहसुन और अदरक) को हल्के भूरे रंग तक सरसों के तेल में तला जाता है। अचार ग्रेवी, अंडे और एसिटिक एसिड को अच्छी तरह मिलाया जाता है और तैयार उत्पादों को ग्लास या प्लास्टिक के जार या एचडीपीई थैलियों

में पैक किया जाता है। इस प्रक्रिया में खाद्य तेल एक अतिरिक्त परिरक्षक के रूप में कार्य करता है। तेल आधारित अचार संतोषजनक रूप से 6 महीने और 12 महीने तक परिवेश और प्रशीतन भंडारण की स्थिति में रखा जा सकता है।

तालिका : सिरका आधारित अचार अंडे के लिए संरचना

क्र.सं.	सामग्री	मात्रा
1.	सफेद सिरका	500 मिलीलीटर
2.	पानी	500 मिलीलीटर
3.	नमक	80 ग्राम
4.	मसाला मिश्रण	20 ग्राम
5.	छीला लहसुन	20 ग्राम
6.	छीला अदरक	20 ग्राम
7.	टारट्राजीन (खाद्य रंग)	200 मिलीग्राम
8.	अंडा	चिकेन का अंडाः 20 या बटेर का अंडाः 100

सिरका आधारित अंडे के अचार बनाने हेतु प्रवाह चित्र

उबला हुआ अंडा

ताजा अंडा
↓
सामान्य भण्डारण (24 घंटे के लिए)
↓
उबलना
↓
छिलके उतरना एवं धोना

नमक–सिरका का घोल बनाना

पानी में सिरका एवं नमक मिलाकर 5 मिनट तक उबलना
↓
मसालों के मिश्रण को मिलाना
↓
पुनः 5 मिनट के लिए उबालना
↓
घोल को छानना

↓

छिली हुए अंडे में नमक–सिरका के घोल को मिलाना
↓
परिपक्व होने के लिए 2–3 दिनों के लिए स्थिर छोड़ना
↓
लचीली थैलियों में पैक करना
↓
भण्डारण (सामान्य तापमान पर 4 महीनों एवं रेफ्रीजरेटर में 12 महीनों तक)

तालिका : तेल आधारित अंडे के अचार लिए सामग्री

क्र.सं.	सामग्री	मात्रा
1.	रिफाइन्ड सरसों तेल	150 मिलीलीटर
2.	उजला सिरका	20 मिलीलीटर
3.	नमक	30 ग्राम
4.	मसाला मिश्रण	35 ग्राम
5.	छीला लहसुन	30 ग्राम
6.	छीला अदरक	30 ग्राम
7.	अंडा	चिकेन का अंडाः 20 या बटेर का अंडाः 100

तेल आधारित अंडे के अचार बनाने हेतु प्रवाह चित्र

अदरक एवं लहसुन का पेस्ट बनाना

↓

फिर तेल में भुनना

मसाला मिश्रण एवं नमक → ↓

भुनने की प्रक्रिया जरी रखना

↓

उबाला व छिलका उतारा हुआ अंडा → मिलाना ← खाने योग्य सिरका

↓

कमरे के तापमान तक ठंडा करना

↓

पैकेजिंग

↓

भण्डारण

अंडे का अन्य उत्पादः अंडे के कुछ ऐसे भी सुविधाजनक उत्पाद है जिनका व्यावसायिक रूप से उत्पादन किया जाता है। इनमें डेविल्ड एग, एग रोल, एग नग, एल्ब्यूमिन रिंग और मेयोनेज आदि शामिल हैं।

डेविल्ड एग बनाने के लिए उबले अंडे का छिलका उतार कर बीचो–बीच काट लिया जाता है एवं जर्दी को निकालकर सलाद मिश्रण के साथ पकाया जाता है और फिर इसे आधे एल्ब्यूमिन के खाली जर्दी वाले जगह में वापस भर दिया जाता है।

एग रोल आकार में बेलनाकार होता है। इसे बनाने हेतु एक ट्यूबलर मोल्ड की सहायता से जर्दी को केंद्र में रखते हुए इसके चारों तरफ एल्ब्यूमेन की एक समान परत को पकाया जाता है। उत्पाद को काटकर सलाद ड्रेसिंग में उपयोग किया जाता है। यह एक सामान्य कठोर उबले अंडे की भांति ही दिखता है जिसमें जर्दी बीच में होती है।

एग नग एक पौष्टिक अंडा आधारित पेय है। इसमें अंडा, दूध, चीनी और स्वाद सामग्री शामिल है और इसे ठंडा या गर्म परोसा जा सकता है।

एल्बम रिंग एक उच्च प्रोटीन, कुरकुरा स्नैक खाद्य पदार्थ है जो प्याज की अंगूठी जैसा दिखता है। यह उत्पाद अण्डे के एल्ब्यूमेन को रिंग के आकार के सांचों में पकाकर बनाया जाता है और फिर इस पर बेसन एवं ब्रेडक्रम्ब लगाकर डीप फ्राई किया जाता है।

एग मेयोनेज एक अर्ध–ठोस अंडे की जर्दी से बना उत्पाद है। यह खाद्य वनस्पति तेल (80%), जर्दी (10%), सिरका और विभिन्न खाद्य सामग्रियों का एक पायस है जिसमें जर्दी गैर–तैलीय पदार्थों में तेल के समान फैलाव के लिए एक पायसीकारक के रूप में कार्य करती है ताकि पायस को स्थिर किया जा सके।

अंडे और अंडा उत्पादों की पैकेजिंग

अंडा प्राकृतिक रूप से खोल और शेल झिल्ली में बंद होता है लेकिन इसके नाजुक व खराब होने की संभावनाओं के कारण इसकी पैकेजिंग अनिवार्य होती है।

भण्डारण के दौरान अण्डों की गुणवत्ता में गिरावट के कारकः

i) नमी और गैसों के पलायन से वजन कम होना।

ii) CO_2 के पलायन से सफेद का पतला होना।

iii) अंडे की सफेदी से पानी के अवशोषण के कारण जर्दी का चपटा होना, विटनेलिन झिल्ली का कमजोर होना।

iv) माइक्रोबियल संदूषण (बैक्टीरिया और कवक) के कारण खराबी

v) बाह्य गंध का अवशोषण।

खोल–युक्त अंडे की पैकेजिंगः पैकेजिंग से पहले अंडे को अच्छी तरह से साफ और वर्गीकृत किया जाना चाहिए। अलग–अलग ग्रेड के अंडे को ट्रे या कार्टून में चौड़े छोर को ऊपर रखते हुए पैक किया जाना चाहिए।

i) अंडे की पैकेजिंग के लिए ढलवां लुगदी भराव फ्लैट या ढाला प्लास्टिक भराव फ्लैट का सबसे अधिक उपयोग किया जाता है। ढाला भराव फ्लैटों में पांच अंडों की 6 पंक्तियाँ होती हैं। प्रत्येक ट्रे में 20, 24, 30 और 48 अंडे होते हैं। सबसे आम 30 अंडे की ट्रे। इन अंडे से भरे ट्रे को लकडी या प्लास्टिक के बक्से या टोकरियों में या नालीदार शिपिंग कंटेनरों में कठोर या नालीदार कार्डबोर्ड बॉक्स (दो आकार के टूटे हुए कार्डबोर्ड बक्से) परिवहन के उद्देश्य से रखा जाता है जिनमें 360 या 210 अंडे भरे होते हैं।

ii) मुड़ा हुआ कागज बोर्ड अंडे के कार्टून, ढाला गूदा अंडे के कार्टून और ढाला पॉलीस्टीरीन अंडे के कार्टून इन सामग्रियों से अलग आकार के हो सकते हैं। हालांकि, सामान्य अभ्यास एक या आधा दर्जन अंडे के आकार के कार्टून में अंडे को बाजार में लाना है। 6 अंडे की दो पंक्तियाँ या प्रति कार्टून 6 अंडे की एक पंक्ति अंडे के सामान्य खुदरा पैक हैं।

iii) इंटरलॉक डिवाइडर के साथ मुड़े हुए पेपरबोर्ड के कार्टूनों को 4 अंडों की 3 पंक्तियों को पकड़ने के लिए आकार दिया जा सकता है और उत्पाद को देखने के लिए खरीदार को सक्षम करने के लिए ओपन टॉप को सिकुड़ी हुई फिल्म, जैसे पीवीसी, पीवीडीसी, या सिकुड़ा पीई के साथ जोड़ा जा सकता है।

iv) मोल्डेड पल्प एग कार्टून सस्ते हैं लेकिन यह कमियों से ग्रस्त हैं, जैसे शारीरिक शक्ति की कमी और अनाकर्षकता। इसलिए, ताकत बढ़ाने के लिए, मोल्डिंग से पहले लकड़ी की लुगदी में सघन लुगदी या बाँधने का उपयोग किया जाता है। ढले हुए गूदे अंडे के कार्टूनों की सतह भी खुरदरी होती है और खुरदुरी सतह पर फैंसी छपाई संभव नहीं है।

v) दूसरी ओर, ढाला हुआ प्लास्टिक (पॉलीस्टाइन फोम) अंडे के कार्टून उत्कृष्ट कुशनिंग, हल्के मट्ठा और अच्छा इन्सुलेशन और यांत्रिक शक्ति प्रदान करते हैं। बर्फीली सफेद सतह अच्छी सौंदर्य अपील देती है।

vi) अंडे के कार्टूनों को कार्टून के शरीर के साथ ढक्कन (सपाट शीर्ष) रखने के लिए पुरुष और महिला लॉकिंग खांचे या टैब के साथ प्रदान किए जाते हैं।

❑❑❑

अध्याय–11

अंडे की गुणवत्ता को प्रभावित करने वाले कारक

उत्पादन, भंडारण और विपणन के दौरान खोल–युक्त अंडे की गुणवत्ता को प्रभावित करने वाले कारक

उत्पादन कारकः

a) आनुवांशिक कारकः अंडे के पतले छिद्रयुक्त, नरम खोल, अधिक पतले एल्ब्यूमेन, धब्बायुक्त जर्दी, जर्दी में रक्त के धब्बे कभी–कभी वंशानुक्रम व आनुवंशिकता के कारण होते हैं।

b) उम्रः विषम आकार के अंडे, पतले सफेद की अधिक मात्रा, अंडे देने की अग्रवर्ती चरण के कारण रक्त के धब्बे की घटना सामान्य हो जाती है।

c) दानाः कैल्शियम, फॉस्फोरस और मैंगनीज की कमी के कारण पतले झरझरा और नरम खोल वाले अंडे का उत्पादन होता है। जब कपास के बीज को आहार में तेलहन के रूप में शामिल किया जाता है तो एल्ब्यूमेन गुलाबी सफेद रंग एवं जर्दी ऑलिव सैल्मन रंग का हो जाता है।

d) औषधि और रसायनः सल्फा ड्रग्स या अर्जन आहार शेल अंडे की पतली, नरम और झरझरा संरचना का उत्पादन करता है। एंटीबायोटिक्स की अत्यधिक मात्रा खुरदुरा और असामान्य शैल बनावट का कारण बनती है। निकाराजिन, पिपेरजिन जैसे रसायन के कारण जर्दी धब्बेदार हो जाती है।

e) पर्यावरण का तापमानः

   i) 30–32.5°C से ऊपर का तापमान – पतली झरझरा और नरम खोल अंडे का उत्पादन होता है।

   ii) –2.2 डिग्री सेल्सियस से ऊपर तापमान– दरारयुक्त खोल वाले अंडे का उत्पादन।

   iii) त्वरित ठंडक प्रक्रिया–सफेद का धुंधलापन।

   iv) अत्यधिक चिलिंग–रबर जैसी जर्दी।

f) प्रबंधनः

i) अंडे देने वाले कमरे में अत्यधिक नमी धब्बायुक्त खोल

ii) ज्यादा भीड़–भाड़ और कम वेंटिलेशन–धब्बायुक्त खोल

iii) अंडा देने के समय अचानक गड़बड़ी–खून का धब्बा

g) अण्डों को बार–बार इकट्ठा करनाः प्रतिदिन कम से कम 3–4 बार, इससे कम टूटे हुए, कम गंदे अंडे प्राप्त होते हैं और इन्हें समय पर ठंडा किया जा सकता है।

h) उचित शीतलनः अक्सर अण्डों को इकट्ठा करने के बाद इसे 12–24 घंटों के भीतर 13 डिग्री सेल्सियस या इससे कम (बेहतर 10 डिग्री सेल्सियस) तापमान तक ठंडा कर कार्टून में पैकिंग किया जाना चाहिए।

i) रख–रखाव में सावधानीः अण्डों को टूटने से रोकने या इनकी गुणवत्ता को बनाए रखने हेतु इनके रख–रखाव में काफी सावधानी बरतनी होती है।

j) उचित पैकेजिंगः अंडे को हमेशा चौड़ा भाग ऊपर रखते हुए पैक किया जाता है, अनुचित पैकेजिंग का परिणाम खराब गुणवत्ता और निम्न ग्रेड है।

भंडारण कारकः यह जरूरी है कि शेल अंडे को ठंडा तापमान में रखा जाना चाहिए, लेकिन इसे जमने से बचाना चाहिए, अन्यथा इसके आंतरिक भाग में विस्तार के कारण अण्डों में दरार पर जाती है। चिलिंग के दौरान सापेक्ष आर्द्रता (R-H-) भी महत्वपूर्ण कारक है जो छिद्रों के माध्यम से आंतरिक सामग्री से पानी और कार्बन डाइऑक्साइड के विघटन से बचती है। यह देखा गया है कि 70–80% सापेक्ष आर्द्रता रखने से अंडों की गुणवत्ता बरकरार रखी जा सकती है, साथ–साथ मोल्ड वृद्धि से भी बचा जा सकता है।

विपणन कारकः उत्पादन और अंतिम खपत के बीच समय कम करने के लिए सप्ताह में कम से कम दो बार या अधिक विपणन आवश्यक है। विपणन से पहले उचित ग्रेडिंग और पैकेजिंग भी जरूरी है। निर्यात बाजार के लिए 360 अंडे थोक कंटेनर (12 x 30) में पैक किए जाते हैं। बाजार में अंडे की तेजी से आवाजाही निम्नलिखित तरीकों से की जा सकती हैः

i) पर्याप्त प्रशीतन सुविधाओं के साथ ग्रेडिंग स्टेशन में तेजी से और कुशल हैंडलिंग।

ii) खुदरा या थोक बाजार के लिए इंसुलेटेड या प्रशीतित ट्रैक के माध्यम से शीघ्र परिवहन।

iii) प्रति सप्ताह कम से कम दो बार या संभवतः प्रति सप्ताह 3–5 बार रिटेलर को डिलीवरी की सिफारिश की जा सकती है।

अंडे की गुणवत्ता

अंडे की गुणवत्ता से तात्पर्य एक अंडे की विशेषताओं से है जो उपभोक्ताओं द्वारा इसकी स्वीकृति की सीमा निर्धारित करता है। अंडे के मुख्य गुण इसका वजन, आकार, खोल की साफ–सफाई, ताजापन, एल्ब्यूमेन और जर्दी की गुणवत्ता, पौष्टिक मूल्यों में पूर्णता और कार्यात्मक गुण हैं। इन विशेषताओं को बाहरी और आंतरिक गुणवत्ता में वर्गीकृत किया जा सकता है।

बाहरी गुणवत्ताः इसमें अंडे का वजन, आकार, रंग, सफाई और खोल की दृढ़ता शामिल है।

अंडे की आकृतिः अंडे का आकार और वजन मुर्गियों के आनुवंशिकता, उनकी उम्र और आहार और मौसम से प्रभावित होता है। मुर्गियों के सामान्य चुनिंदा–नस्ल से उत्पादित अंडे का औसत वजन 52–58 ग्राम होता है। रॉक और कोर्निश जैसे चिकन की भारी नस्ल बड़े आकार के अंडे देती है जबकि व्हाइट लेगोर्न मुर्गियाँ जैसी हल्की नस्ल कुछ छोटे अंडे देती हैं। अंडे के आकार में भिन्नता एक ही नस्ल के व्यक्तिगत मुर्गों के बीच भी मौजूद है। अंडे के आकार और अंडे की संख्या के बीच एक नकारात्मक संबंध है। इसके अलावा मुर्गियाँ अंडे देने की अवधि के शुरुआत और अंत में अपेक्षाकृत छोटे अंडे देती हैं। आहार में पोषक तत्वों की कमी विशेष रूप से प्रोटीन और फैटी एसिड के साथ–साथ उच्च पर्यावरणीय तापमान अंडे के आकार को कम करते हैं।

अंडे का आकारः आमतौर पर मुर्गी के अंडे आकार में अंडाकार या गोलाकार होते हैं। हालांकि उनमें से कुछ लगभग गोलाकार, शंक्वाकार या लम्बी होती हैं। यह भिन्नता चिकन की आनुवंशिकता के कारण है और संभवतः डिंबवाहिनी की संरचना से प्रभावित होता है। एक मुर्गी आमतौर पर समान आकार के अंडे देती है लेकिन एक ही नस्ल के विभिन्न मुर्गियों द्वारा निर्धारित अंडे आकार में काफी भिन्न होते हैं। मुर्गियां जब संक्रामक ब्रोंकाइटिस और रानीखेत जैसे श्वसन रोगों से पीड़ित होती है तो अनुचित आकर वाले अण्डों का उत्पादन होता है।

शैल की गुणवत्ताः अंडे के खोल की गुणवत्ता का आर्थिक महत्व होने के कारण यह एक प्रमुख करक है, निशानयुक्त या टूटे हुए अंडे से होने से आर्थिक नुकसान ज्यादा हो सकती है। रंग के अलावा, बनावट, स्वच्छता और दृढ़ता अंडे के छिलके की विशेषता है। बनावट चिकनी या रुखड़ा सतह को दर्शाता है। कभी–कभी, शैल सतह झुर्रीदार और चाकली सफेद दिखाई देती है। शैल सतह का झुर्रीदार होना मुर्गियों में तनाव या बाहरी गड़बड़ी के कारण होता है जबकि चाकली सफेद का कारण छल्ली की सतह पर अत्यधिक कैल्शियम कार्बोनेट का जमाव है। कुछ अंडों के सतह में उभार उस पर कैल्शियम कार्बोनेट की जमाव के कारण होती है।

आंतरिक गुणवत्ता

अंडे की आंतरिक विशेषता एयरसेल का आकार, एल्ब्यूमेन और जर्दी की गुणवत्ता और रक्त और मांस के धब्बे जैसे समावेशी निकायों की उपस्थिति या अनुपस्थिति पर निर्भर करती है।

एयरसेल का आकारः मुर्गियों से प्राप्त ताजा अंडा में एयरसेल नहीं होता है लेकिन जब अंडा ठंडा होता है तो इसके अंदर के सामग्री में सिकुड़न होती है तो अंडे के चौड़े छोर पर एक पॉकेट का निर्माण होता है जिसे एयरसेल कहा जाता है। इसका आकार अंडे के सेल में छिद्रों एवं भण्डारण के समय तापमान, आर्द्रता एवं भण्डारण अवधि पर निर्भर करता है। इसलिए एयरसेल का आकार अंडे की आंतरिक गुणवत्ता को इंगित करता है। सेल का आकार जितना ही छोटा होता है, अंडा उतना ही ताजा होता है।

ऐल्ब्यूमेन की गुणवत्ताः एल्ब्यूमिन की गुणवत्ता मोटी एल्ब्यूमिन लेयर की मात्रा और दृढ़ता (घनी संगति) से जुड़ी होती है। यह मुर्गी की आनुवंशिकता से प्रभावित है। सांस की बीमारियाँ जैसे आईबी, सीआरडी, आरडी के साथ–साथ भंडारण का समय और तापमान भी एल्ब्यूमेन गुणवत्ता पर प्रतिकूल प्रभाव डालते हैं। एल्ब्यूमेन के कार्यात्मक गुण अर्थात फोमिंग, कोग्युलेटिंग और बाइंडिंग आदि का उपयोग केक और अन्य बेकरी उत्पादों को बनाने में किया जाता है। ताजे अंडों में एल्ब्यूमेन की झाग शक्ति भंडारित अंडों की तुलना में अधिक होती है।

जर्दी की गुणवत्ताः जर्दी की स्थिति, इसका रंग, आकार और दोषों से मुक्ति, जर्दी के महत्वपूर्ण गुण हैं। ताजे अंडे की जर्दी आकार में गोलाकार होती है और इसे चलेजा द्वारा केन्द्र में रखा जाता है, जबकि संग्रहित अंडों में विटैलिन झिल्ली

के कमजोर होने के कारण यह चपटा होने के साथ–साथ अकेंद्रित भी हो जाता है। मेयोनेज की तैयारी में जर्दी की पायसीकारी गुण का उपयोग किया जाता है।

अण्डों की पोषण और संवेदी गुणवत्ता

मुर्गी की एक ही प्रजाति के अंडे के प्रोटीन और वसा की मात्रा नस्ल, आहार और उत्पादन के मौसम आदि के कारण बहुत भिन्न नहीं होती है। हालांकि, जर्दी वसा की फैटी एसिड संरचना आहार वसा के प्रकार से प्रभावित होती है। इसी तरह, कुछ खनिजों की सांद्रता, विशेष रूप से मैंगनीज और आयोडीन के साथ–साथ विटामिन ए, डी, ई, थियामिन और राइबोफ्लेविन स्तर मुर्गी के आहार में उनके स्तर पर निर्भर करता है।

अंडे की संवेदी गुणवत्ता

अंडे की संवेदी गुणवत्ता इसकी दिखावट, स्वाद और सुगंध आदि को संदर्भित करता है। ताजे अंडे में एक विशेष हल्का स्वाद होता है। हालांकि, ताजे अंडे में एक आपत्तिजनक मछली का स्वाद खराब गुणवत्ता वाले मछली से प्राप्त दाने की सामग्री को उच्च स्तर (10%>) पर मुर्गी के आहार में शामिल करने से हो सकता है। इसी तरह अंडे बाहरी स्वाद भी ले सकते हैं, अगर उन्हें लहसुन और अन्य स्वाद से भरपूर पदार्थों के घेरे में रखा जाता है और संग्रहित अंडे में स्वाद बदलने का मुख्य कारण इसके घटकों के बीच रासायनिक प्रतिक्रियाओं एवं माइक्रोबियल विकास होते हैं।

अंडे की गुणवत्ता का निर्धारण

अंडे के बाहरी और आंतरिक गुणवत्ता के निर्धारण के लिए दृश्य निरीक्षण, कैंडलिंग और कई अन्य तरीकों का पालन किया जाता है। इससे न केवल मुर्गियों के स्टॉक के आनुवंशिक चयन में मदद मिलती है, बल्कि अंडे की ग्रेडिंग और गुणवत्ता नियंत्रण के लिए भी उपयोगी है।

अंडे की कैंडलिंगः कैंडलिंग की प्रक्रिया द्वारा अंडे के निरीक्षण किया जाता है जिसमें अण्डों को एक अंधेरे कमरे में चमकीले लाइट से गुजारा जाता है। इस प्रकार अण्डों की गुणवत्ता का आकलन कर ग्रेडिंग किया जाता है। यह शैल पर अदृश्य महीन दरारों का पता लगाने में मदद करता है, साथ ही एल्ब्यूमेन की दृढ़ता, जर्दी की स्थिति और रंग, रक्त और मांस के धब्बे की जानकारी प्रदान करता

है। कैंडल लैंप के सामने एक–एक कर अण्डों का कैंडलिंग किया जा सकता है अथवा समूह में फ्लैश कैंडलर का इस्तेमाल कर एक साथ कई अण्डों का कैंडलिंग किया जा सकता है। भूरे रंग के अंडे के कैंडलिंग में कुछ कठिनाई होती हैं। चूंकि कैंडलिंग एक व्यक्तिपरक तरीका है, इसलिए अंडे की गुणवत्ता के लक्षणों को मापने के लिए अधिक सटीक विधियां विकसित की गई हैं।

आकृति सूचकांकः आकार सूचकांक में आकार भिन्नता का सूचकांक मापा जाता है। यह अंडे की अधिकतम चौड़ाई और लंबाई के अनुपात में सौ गुणा से गुना करने पर प्राप्त इकाई है। चिकन अंडे का आकार सूचकांक 65–82 तक होता है एवं एक सामान्य आकार के अंडे के लिए यह 74 होता है। लंबे और संकीर्ण अंडे में छोटे और चौड़े अंडे की तुलना में कम आकार का सूचकांक होता है।

शैल गुणवत्ता मापदंडः अंडे के खोल की सफाई और दृढ़ता के लिए नैत्रिक निरीक्षण किया जाता है। शैल पर अदृश्य दरारें कैंडलिंग द्वारा पता लगाई जाती हैं। शैल की मोटाई के अलावा, अंडे का विशिष्ट गुरुत्व, शैल वजन, शेल विरूपण और ब्रेकिंग ताकत शैल गुणवत्ता के विभिन्न उपाय हैं। इनमें से, पहले दो परीक्षणों को उनकी सादगी और अन्य मापों के साथ सकारात्मक सहसंबंध के कारण व्यापक रूप से उपयोग किया जाता है।

एल्ब्यूमेन गुणवत्ता मापदंडः अंडे की कैंडलिंग के दौरान मोटी एल्ब्यूमेन परत में गति खराब एल्ब्यूमेन गुणवत्ता को दर्शाता हैं। इसके अलावा, अंडे को तोड़ने के बाद एल्ब्यूमेन ऊंचाई, एल्ब्यूमेन इंडेक्स और हॉग यूनिट वैल्यू को मापा जाता है। एल्ब्यूमेन सूचकांक एल्ब्यूमेन की औसत चौड़ाई और ऊँचाई का अनुपात होता है एवं ताजे अंडों में इसका मान 0.085 से 0.125 तक होता है। हॉग यूनिट का नाम इसके प्रस्तावक–रेमंड हॉग के नाम पर रखा गया है और यह मोटी एल्ब्यूमेन और अंडे के वजन के बीच के संबंध को दर्शाता है। 70 और उससे अधिक हॉग इकाई (H-U-) काफी अच्छी एल्ब्यूमेन गुणवत्ता को इंगित करती है।

जर्दी की गुणवत्ता मापदंडः इसके लिए जर्दी के रंग, रूपरेखा और स्थिति का मापन किया जाता है, मगर जर्दी के गुणवत्ता को अक्सर जर्दी इंडेक्स के रूप में मापा जाता है जो कि इसके व्यास और ऊंचाई का अनुपात होता है। ताजे अंडे में जर्दी सूचकांक 0. 420 से 0. 495 तक होता है और ज्यादा जर्दी सूचकांक बेहतर गुणवत्ता को दर्शाता है। अंडे की जर्दी का रंग ऑप्टिकल, फोटोइलेक्ट्रिकल और रासायनिक तरीकों से मापा जा सकता है। हालांकि, रोश (रोशे कंपनी के बाद का नाम) जर्दी रंग मापदंड व्यापक रूप से इस उद्देश्य के लिए उपयोग किया जाता

है। इसमें 15 रंगीन प्लास्टिक स्ट्रिप्स की एक श्रृंखला शामिल होती है और जर्दी रंग की दृश्य तुलना के लिए बहुत हल्के पीले (1) से गहरे नारंगी (15) में वर्गीकृत है। 7–11 के रोश रंग स्कोर वाले अंडे की जर्दी को उपभोक्ताओं द्वारा पसंद किया जाता है।

अंडे की गुणवत्ता बिगड़ने के कारण

अंडे के उत्पादन के समय इसकी की गुणवत्ता अधिकतम होती है। इसके बाद अंडे की गुणवत्ता में गिरावट फिजियो–केमिकल परिवर्तन और माइक्रोबियल वृद्धि के कारण शुरू होती है।

भौतिक–रासायनिक गिरावटः भंडारण के दौरान, शेल के अयस्कों से पानी की निकासी के कारण एयरसेल आकार में बढ़ जाती है। एल्ब्यूमेन से पानी के नुकसान से अंडे का वजन कम हो जाता है। इसके अलावा, ताजे अंडे में एल्ब्यूमेन की धूमिल सफेदी इसमें उपस्थित घुलनशील कार्बन डाइऑक्साइड के कारण होता है। एल्ब्यूमेन से कार्बन डाइऑक्साइड के पलायन से इसके पीएच में वृद्धि होती है, जो बदले में मोटी एल्ब्यूमेन के ओवोमुसीन फाइबर के क्षरण को बढ़ावा देता है। इसके परिणामस्वरूप, मोटी एल्बयूमेन का पतली एल्ब्यूमेन में द्रवीकरण होता है, जो एल्ब्यूमेन को पतला कर देता है और इसके कार्यात्मक गुणों में कमी आ जाती है। भंडारण का तापमान कम होने से इस द्रवीकरण की प्रक्रिया का दर कम किया जा सकता है।

जर्दी में एल्ब्यूमेन से पानी के प्रसार के कारण जर्दी की मात्रा और वजन में वृद्धि होता है। इससे विटेलिन झिल्ली फैलाता और कमजोर हो जाता है और अंडे की जर्दी चपटा आकार का हो जाता है।

इसके अलावा, अंडे को लंबे समय तक कम तापमान पर संग्रहित करने से कार्बनिक घटकों और रासायनिक के कारण उनके स्वाद में कुछ परिवर्तन आ जाता है।

माइक्रोबियल वृद्धि के अंडे का खराब होनाः अंडे में कुछ निरोधात्मक पदार्थों की उपस्थिति के बावजूद अंडे सूक्ष्मजीवों के लिए पोषक तत्वों का अच्छा स्रोत हैं। उत्पादन के समय अधिकतर ताजे अंडे जीवानुरहित होते हैं, लेकिन अंडे का खोल जल्द ही निम्न कारणों से दूषित हो जाता हैः पक्षी के मल से, पिंजरे या घोंसले से, धोने के पानी से, हाथों से और पैकिंग सामग्री से। मुर्गियों के अंडे के

प्रति शेल पर सूक्ष्मजीवों की कुल संख्या लगभग 102–107 (औसतः 105) होती है। हालांकि अंडे में संक्रमण से कुछ बैक्टीरिया विशेष रूप से साल्मोनेला अंडे के अंदर स्थानांतरित हो सकता है। अंडे के छिलके में पाए जाने वाले ज्यादातर आम बैक्टीरिया हैं, जो कि कॉलीफॉर्म, अक्रोमोबैक्टर, स्यूडोमोनस, सेरेसिया, प्रोटियस, अल्कलिजेनस, सिट्रोबैक्टर आदि हैं। साल्मोनेला सूक्ष्मजीव अंडे की सतह पर और अंदर पाए जाने वाले प्रमुख रोगजनक हैं और अंडों से होने वाली सबसे ज्यादा संख्या में मानव बीमारी के लिए जिम्मेदार हैं। अन्य खाद्य पदार्थों की तुलना में अंडे के कारण होने वाले रोग के प्रकोप की कुल संख्या अपेक्षाकृत कम है। ठीक से भण्डारण करने पर अंडे को सुरक्षित व कम जोखिम वाला खाद्य पदार्थ माना जाता है।

अंडों की जीवाणुरोधी क्षमताः

जीवाणुरोधी क्षमता आंशिक रूप से भौतिक (शेल और शेल झिल्ली) और आंशिक रूप से रासायनिक (शेल झिल्ली और एल्बमेन) है। रक्षा की दक्षता शेल की गुणवत्ता पर निर्भर करता है।

- एग शैलः यांत्रिक संरक्षण, पानी का संरक्षण और श्वसन गैसों के प्रसार के लिए छिद्र प्रदान करता है।
- एग शेल मेम्ब्रेनः बैक्टीरियल फिल्टर और कम पानी गतिविधि।
- एल्ब्यूमेनः अंडे की जीवाणुरोधी रक्षा में दो महत्वपूर्ण योगदान देता है–

यांत्रिक

i) प्रोटीन की चिपचिपाहटः चिपचिपापन बैक्टीरिया की गति को बाधित करता है जो शेल झिल्ली से जीवाणुओं को सीधे जर्दी तक आने से रोकता है।

ii) एल्ब्यूमिनस सैक में एल्ब्यूमेन का संगठनः जर्दी के केंद्रीय स्थान में स्थिरता योगदान देता है, इस प्रकार इसे शेल झिल्ली द्वारा नियंत्रित दूषित पदार्थों से अधिक दूरी पर बनाए रखा जाता है।

रासायनिकः

i) सूक्ष्मजीवों की वृद्धि के लिए अनुपयुक्त माध्यमः एल्ब्यूमेन में कुछ प्रोटीन सूक्ष्मजीवों के लिए आवश्यक धनायन और विटामिन उपलब्ध नहीं होने देते

हैं, जैसे लाइसोजाइम–बैक्टीरिया की कोशिका भित्ति को तोरता है। ओवोट्रानफ्रिन–लौह, तांबा और जस्ता से बंधन बनाना, एविडिन–बायोटिन के साथ बंधन, ओवोफ्लावो प्रोटीन–राइबोफ्लेविन के साथ संयोजन, ओवोम्यूकोइड–गोजातीय ट्रिप्सिन के अवरोधन, ओविओनिहिबिटर–गोजातीय ट्रिप्सिन, सबटिलिन, फंगल प्रोटीज के निषेध।

ii) एल्ब्यूमेन की क्षारीय प्रतिक्रिया (ओवोट्रांसफेरिन द्वारा लोहे के आवरण को तेज करना)

iii) गैर–प्रोटीन नाइट्रोजन की मात्राः प्रोटीज का अवरोध।

भंडारण के दौरान अंडे मे परिवर्तन

भंडारण के दौरान अंडे में परिवर्तनों को इस प्रकार विभाजित किया जा सकता है:

A. **गैर–माइक्रोबियल कारणः**

i) विशेषकर अनुपचारित अंडों में नमी का नुकसान (वायु कोशिका के आकार में वृद्धि से स्पष्ट)

ii) अंडे की क्षारीयता 7.5 से 9.59 (CO_2 के निकलने के कारण) तक बढ़ जाती है।

iii) विटलिन झिल्ली का कमजोर होना।

iv) अंडे का सफेद पतला और अधिक पानीदार हो जाता है (पीएच में वृद्धि के साथ लाइसोजाइम और ओवोमुसीन के बीच बंधन में कमी के कारण)

B. **माइक्रोबियल कारणः** अण्डों के खराब होने में बैक्टीरिया एक महत्वपूर्ण कारण बनते हैं। कुछ महत्वपूर्ण जीवाणु जो अण्डों के खराब होने या सड़ने के कारक हैं, इस प्रकार हैं:

i) ग्रीन रोट्सः मुख्य रूप से स्यूडोमोनास फ्लोरेसेंस के कारण होता है। सड़ने के प्रारंभिक चरणों के दौरान अंडे का सफेद भाग चमकीले हरे रंग का हो जाने के कारण इसका नाम ग्रीन रोट्स रखा गया है। कैंडलिंग के दौरान इस प्रकार के परिवर्तन को पकड़ने में कठिनाई होती है, लेकिन अंडे टूट जाने पर स्पष्ट हो जाता है। बाद में जर्दी विघटित हो जाती है और सफेद के साथ मिल जाती है।

ii) बेरंग रोटः कारकः स्यूडोमोनास, एसिनोबैक्टर, एल्कलिजेन्स एवं कुछ कोलिफॉर्म आदि। इसे आसानी से कैंडलिंग के दौरान पता लगाया जा सकता है क्योंकि आमतौर पर जर्दी में भी परिवर्तन आ जाता है। अंडे का गंध फलनुमा से लेकर अत्यधिक दुर्गन्ध तक हो सकता है।

iii) काले रंग की रोटः प्रोटीयस की प्रजातियां आमतौर पर शामिल होती हैं, उदाहरण के लिए, प्रोटीज मेलेनोवोजेन। कैंडलिंग के दौरान अंडे लगभग अपारदर्शी हो जाते हैं क्योंकि जर्दी काली हो जाती है और फिर टूट कर पूरे अंडे के रंग को गहरा भूरा रंग दे देता है। H_2S गैस के बनने से अंडा काफी दुर्गन्धयुक्त हो जाता है। ब्लैक रोट के विकास से संकेत मिलता है कि अंडे को सामान्य भंडारण तापमान से अधिक तापमान पर रखा गया है।

iv) पिंक रोट्सः कारकः स्यूडोमोनास फ्लोरोसेन्स। इसमें अंडे का सफेद भाग पीला एवं जर्दी में गुलाबी धब्बे आ जाते हैं, अन्यथा यह बेरंग रोट से काफी मिलता–जुलता है।

v) पीले रंग की रोट्सः कारकः फ्लेवोबैक्टीरियम और साइटोफैगा प्रजाति। इस सड़ांध में जीवाणु विकास के स्थल पर शेल झिल्ली में पीले रंग के पिगमेंट बनते हैं।

कवक द्वारा अंडों में खराबी

i) पिन स्पॉट मोल्डिंगः यह प्रारंभिक कवक वृद्धि है क्योंकि इसमें शेल पर या इसके अंदर छोटे, कॉम्पैक्ट कॉलोनियां दिखने लगती हैं। पिन स्पॉट का रंग मोल्ड के प्रकार के साथ बदलता रहता है, जैसे– पेनिसिलियम प्रजाति, पी. एक्स्पेंसम, पी. एस्परुलम, पी. ऑक्सेलिकम के कारण पीला/नीला/हरा धब्बा होता है।

स्पोरोट्रिकम कार्निस–पिंक स्पॉट

क्लैडोस्पोरियम हर्बेरम–गहरे हरे या काले धब्बे।

ii) सतही कवक सड़नः इसमें अंडे के खोल पर चिपचिपा या उभरा हुआ कवक का परत जम जाता है। अंडे कम तापमान पर उच्च सापेक्ष आर्द्रता पर संग्रहित करने से इस प्रकार की समस्या होती है।

iii) फंगल सड़नः यह अंडे के खराब होने की अंतिम अवस्था होती है जिसमें एग वाइट का जेल्लिंग हो जाता है और रंगीन रोट उत्पन्न होते हैं।

लाल रोटः स्पोरोट्रीकम प्रजाति।

ब्लैक रोटः क्लैडोस्पोरियम हर्बेरम

फंगल वृद्धि के कारण जर्दी झिल्ली कमजोर हो जाती एवं टूट जाती है। कभी–कभी अंडों में खराब स्वाद हलके सड़न के कारण भी विकसित होते हैं। जैसे– मस्टीनेसः अक्रोमोबैक्टर प्रोलेंस, स्यूडोमोनस ग्रेवोलेंस और स्यूडोमोनस म्यूसियोडोलेंस

हे के सामान गंध– एंटरोबैक्टर क्लोकै

मछली के सामान गंध– ई. कोलाई

❑❑❑

अध्याय–12

अंडे की गुणवत्ता

रंग

अंडे की जर्दी में प्राकृतिक रूप से पाए जाने वाले पिगमेंट मुख्य रूप से जैंथोफिल, ल्युटेन और जिअजन्थिन होते हैं। बीटा–कैरोटीन और क्रिप्टोक्सैंथिन की मात्रा बहुत कम होती है। अंडे जर्दी के पिगमेंट कई खाद्य पदार्थों, विशेष रूप से नूडल्स, आइसक्रीम, कस्टर्ड, सॉस और आमलेट के लिए एक आकर्षक पीले रंग का योगदान देता है। हालांकि अंडों के रंग अन्य खाद्य उत्पादों के रंग में सहयोग करता है परन्तु इसका उपयोग सम्पूर्ण रूप से किसी खाद्य उत्पाद में रंग परिवर्तन के लिए नहीं किया जा सकता है।

अंडे की जर्दी में प्रमुख पिगमेंट–जैंथोफिल, सामान्य भोजन की तैयारी में आने वाली परिस्थितियों के लिए अपेक्षाकृत स्थिर होते हैं। कठोर पके हुए अंडे की जर्दी की सतह पर हरे–काले रंग का मलिन किरण, फेरस सल्फेट के गठन के कारण होता है, न कि प्राकृतिक रूप से जर्दी में पाए जाने वाले पिगमेंट के कारण। एल्ब्यूमेन हाइड्रोजन सल्फेट का स्रोत है जिससे अंडों को गर्म करने के दौरान फेरस सल्फेट का निर्माण होता है। कोनएल्ब्यूमेन लोहे के साथ कॉम्प्लेक्स बनाकर लाल रंग प्रदान करता है लेकिन इससे खाद्य उत्पादों के रंग को प्रभावित करने की संभावना नहीं होती है।

स्वाद

अंडे की स्वीकार्यता को प्रभावित करने वाले सबसे महत्वपूर्ण कारकों में से एक स्वाद है। यह पाया गया कि कुछ पैनल के सदस्यों ने लगातार मछली के स्वाद की पहचान की, लेकिन कोई महत्वपूर्ण ऑफ फ्लेवर स्थापित नहीं किया गया। इस प्रकार, कुछ उपभोक्ता कुछ ऑफ–फ्लेवर्स के प्रति संवेदनशील हो सकते हैं जबकि अन्य किसी अंतर का पता लगाने में असमर्थ होते हैं। हल्के, मध्यम और गहरे रंग के जर्दी सुगंध और स्वाद में समान होते हैं।

हल्के रंग के अंडे की जर्दी से तैयार किए गए स्पंज केक की तुलना में गहरे रंग के जर्दी से बने स्पंज केक ज्यादा स्वादिष्ट होते हैं और इनका विशेष गुणवत्ता जैसे मुँह में चिपचिपा एहसास भी बरकरार रहता है।

तालिका: खाद्य उत्पादों में अंडे की उपयोगिता

खाद्य उत्पाद	**क्रियात्मक गुण**
एंजेल केक	झाग उठाना एवं स्कंदन
स्पोंज केक	सम्पूर्ण अंडे की झाग उठाना एवं स्कंदन, जर्दी का रंग
केंडी	क्रिस्टल बनने से रोकना
कस्टर्ड	स्कंदन एवं स्वाद
एग व्हाइट, उबला अंडा, फ्राइड	स्कंदन
आधा पकाया अंडा	स्कंदन, स्वाद
मेरिन्गुएस	झाग उठाना एवं स्कंदन
सलाद ड्रेसिंग	इमल्सफाइंग
मायोनेस	इमल्सफाइंग

❑❑❑

अध्याय–13

अंडा और अंडा उत्पादों का विपणन

खाद्य उत्पादों का विपणन एक व्यापक गतिविधि है, जो विनिमय प्रक्रियाओं के माध्यम से आवश्यकताओं और निर्देशों पर आधारित है। मार्केटिंग का मतलब केवल बेचना नहीं है। वास्तव में, बेचना विपणन गतिविधियों के घटकों में से एक है। दूसरे शब्दों में, विपणन में सभी प्रक्रियाएं शामिल हैं जो उत्पाद को निर्माता से अंतिम उपभोक्ता तक हस्तांतरण में शामिल हैं।

मीट मार्केटिंग के काम को तब तक पूरा नहीं माना जाना चाहिए जब तक उत्पादक अपने उत्पाद को पहले खरीदारों को भेज न दे। वास्तव में विपणन तब तक पूरा नहीं किया जाता है जब तक कि मांस और मांस उत्पादों और उप–उत्पादों को उनके उपभोक्ताओं के हाथ में सही समय, स्थान और रूप में पहुँच न जाए।

अंडे और अंडे के उत्पादों का बार–बार विपणन, कम से कम प्रति सप्ताह दो बार या उससे अधिक करना आवश्यक है जिससे उत्पादन और अंतिम खपत के बीच समय को कम किया जा सकता है। विपणन से पहले उचित ग्रेडिंग और पैकेजिंग आवश्यक है। निर्यात बाजार के लिए 360 अंडे थोक कंटेनर (12 × 30) में पैक किए जाते हैं। बाजार में अंडे की तेजी से आवाजाही निम्न प्रकार से की जा सकती हैः

i) पर्याप्त प्रशीतन सुविधाओं के साथ ग्रेडिंग स्टेशन में तेजी और कुशल हैंडलिंग।

ii) खुदरा या थोक बाजार के लिए उपयुक्त माध्यम से शीघ्र परिवहन।

iii) प्रति सप्ताह कम से कम दो बार या संभवतः प्रति सप्ताह 3–5 बार रिटेलर को बार–बार डिलीवरी की सिफारिश की जा सकती है।

राष्ट्रीय अंडा समन्वय समिति (NECC)

अंडों का विपणन भारत में बड़े पैमाने पर असंगठित क्षेत्र में किया जाता है जिसमें कीमतों पर कोई नियंत्रण नहीं होता है। राष्ट्रीय अंडा समन्वय समिति (NECC) द्वारा घोषणा के अनुसार भारत में अंडे उत्पादक उपभोक्ता रुपये का

70–75% प्राप्त करते हैं। राष्ट्रीय अंडा समन्वय समिति पोल्ट्री किसानों और व्यापारियों का एक संघ है जिसकी स्थापना मई 1982 में हुई थी।

यह समिति एक धर्मार्थ ट्रस्ट है, यह 24 क्षेत्रों में फैला है और कुल 118 स्थानीय समितियों में लगभग 25,000 किसान हैं। इस समिति किसानों को उचित मूल्य, पारिश्रमिक प्राप्त करने में मदद करता हैं एवं यह सुनिश्चित करता है कि किसी भी तरह से किसानों का शोषण न हो। एनईसीसी घरेलू बाजार में कोल्ड स्टोरेज के लिए सब्सिडी देता है या सीधे तौर पर अंडे की खरीद के जरिये घरेलू बाजार में हस्तक्षेप करती है। घोषित मूल्य को लागू करने के लिए एनईसीसी एक अपनी ही कंपनी की सहायता लेती है जो एग्रोकोर्पेक्स इंडिया लिमिटेड (एसीआईएल) के नाम से जाना जाता है। यह एक पब्लिक लिमिटेड कंपनी है, जो पूरी तरह से कुक्कुट किसानों द्वारा स्वामित्व और प्रबंधित है। भारत अंडा उत्पादक संघ को शामिल कर एनईसीसी पोल्ट्री किसानों हेतु महत्वपूर्ण भूमिका निभाता रहा है, जो शेल अंडे के निर्यात को प्रोत्साहित करता है, इलेक्ट्रॉनिक और प्रिंट मीडिया में अंडे को बढ़ावा देता है और पोल्ट्री उत्पादों की खपत को बढ़ावा देने के लिए खेल और संबंधित गतिविधियों को प्रायोजित करता है। एनईसीसी एकमात्र एजेंसी है, जिसे पोल्ट्री उद्योग के प्रतिनिधि निकाय के रूप में राज्य और केंद्र के नीति निर्माताओं द्वारा अच्छी तरह से पहचाना जाता है, जो मुर्गीपालन के हितों का प्रतिनिधित्व करने के लिए प्रभावी है और इसकी शिकायतों और सुधारात्मक उपायों को संबोधित करने के लिए प्रभावी है।

विपणन चैनल

अंडे का विपणन बड़े पैमाने पर थोक विक्रेताओं की एक श्रृंखला के माध्यम से किया जाता है, जिनमें से पहला उत्पादक से अंडे की आपूर्ति और मांग के अनुसार निर्धारित दर पर करता है। अंडे के उत्पादन की लागत के साथ इस दर का कोई संबंध नहीं है। पहला थोक व्यापारी प्रति अंडा 45 पैसे का मार्जिन रखता है। उत्पाद तब दो से तीन उप–डीलरों के माध्यम से जाता है। कुल उत्पादन का 5 प्रतिशत से भी कम सीधे किसानों द्वारा उपभोक्ताओं को वितरित किए जाते हैं। बाकी उपभोक्ताओं तक पहुंचने से पहले बिचौलियों की एक श्रृंखला से गुजरते हैं। अंडे का विपणन चैनलों के माध्यम से किया जाता है, जो इस प्रकार है–

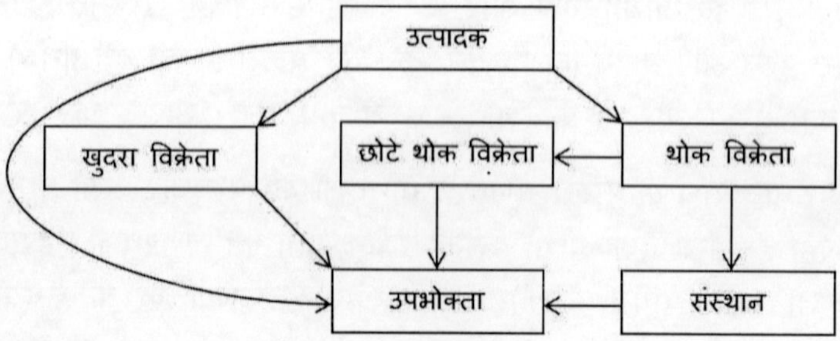

अंडे के विपणन में आने वाली चुनौतियां

भारत में अभी भी अंडे का परिवहन खुली हालत में और बिना प्रशीतित वाहनों में किया जाता है। उपभोक्ता तक वितरण और हैंडलिंग की पूरी श्रृंखला में मौसम और कृषि जलवायु परिस्थितियों के अलग–अलग तापमान के संपर्क में आने से अण्डों के खराब होने की संभावना रहती है। इसीलिए अण्डों का शेल्फ जीवन गर्मियों में 11–14 दिन और सर्दियों में 18–20 दिन तक सीमित रहता है। अंडा अभी भी भारत में एक खाद्य सामग्री के रूप में बेचा जाता है और उपभोक्ता द्वारा दैनिक जरुरतों के अनुसार दुकान से खरीदा जाता है जिसमें पान की दुकानें, किराना स्टोर, बेकरी आदि शामिल हैं। भारत में अंडा का दैनिक उत्पादन लगभग 11–12 करोड़ है और इसे देश के समस्त आबादी तक पर्याप्त उपलब्धता सुनिश्चित करना एक बहुत बड़ी चुनौती है क्योंकि यह एक खराब होने वाला उत्पाद है। इसे बड़ी संख्या में दुकानों में उपलब्ध कराया जाता है और उपभोक्ताओं की दैनिक जरुरतों को पूरा करने के लिए पर्याप्त स्टॉक किया जाता है।

विपणन के अवसर और रणनीतियाँ

ग्रामीण बाजारः पारंपरिक रूप से अंडे का उत्पादन आंध्र प्रदेश, तमिलनाडु, पंजाब, हरियाणा और महाराष्ट्र में केंद्रित होने के कारण, कुछ राज्यों के शहरी और अर्ध शहरी क्षेत्रों में अंडे की उपलब्धता अधिक है, लेकिन ग्रामीण क्षेत्रों और देश के बाकी हिस्सों में इसकी उपलब्धता कम है। ग्रामीण बाजारों और उतर–पूर्वी राज्यों में अंडे की उपलब्धता कम होने के कारण उपभोग भी कम है, अतः इन बाजारों में अण्डों के विपणन की भारी गुंजाइश है। आंतरिक गांवों में अण्डों के बिक्री हेतु पर्याप्त मात्रा में बिक्री के आउटलेट की संख्या बढ़ने से इसकी प्रति व्यक्ति खपत में सुधार सुनिश्चित कर सकते हैं। गांवों में अंडा बाजार की संभावनाओं को पूरा करने के लिए गांवों में किसानों द्वारा अधिक संख्या में आउटलेट खोलने की जरुरत है।

यहां तक कि एंटीबायोटिक्स और कीटनाशक अवशेषों से मुक्त शेल अंडे जापान, फास्ट ईस्ट और यूरोप को निर्यात किए जा सकते हैं, जो वर्तमान में संयुक्त राज्य अमेरिका, यूरोप और अन्य देशों से उच्च कीमत पर खरीद कर रहे हैं।

भारत यूरोपीय संघ के सख्त गुणवत्ता मानदंडों को पूरा कर अंडा पाउडर का निर्यात कर रहा है, अन्य देशों में भी इसकी स्वीकार्यता की जरुरत है। इसके लिए भारत में अण्डों के उत्पादन में कीटनाशक और एंटीबायोटिक के उपयोग को रोकना होगा एवं ज्यादा से ज्यादा जैविक उत्पादन पर जोर देना होगा।

मिड–डे मील योजना में अंडेः अंडा एक संतुलित खाद्य पदार्थ है एवं इसमें मिलावट की संभावना भी कम होती है। आधुनिक पोल्ट्री फार्म से प्राप्त अंडे को अधिकांश आबादी द्वारा शाकाहारी भोजन के हिस्से के रूप में स्वीकार किया जाता है। सुप्रीम कोर्ट ने सभी राज्यों को मिड–डे मील योजना को लागू करने की सलाह दी है, जो कि विशेषाधिकार प्राप्त बच्चों की स्वास्थ्य स्थिति में सुधार करेगा, और स्कूलों और शैक्षणिक मानकों में उपस्थिति में सुधार करेगा, इसके अलावा प्रति व्यक्ति खपत बढ़ाने व पारिश्रमिक मूल्य बनाए रखने में भी मदद करेगा।

अंडे के विपणन में सुधार के लिए निम्नलिखित कारकों पर विचार करने की आवश्यकता है–

- अंडों को संख्या के आधार पर बेचा जाता है और वजन के आधार पर नहीं, कोई ग्रेडिंग दर का उल्लेख नहीं किया जाता है, छोटे अंडों को काफी कम दर पर बेच दिया जाता है, आपूर्ति और मांग की स्थिति के आधार पर थोक विक्रेताओं अण्डों का मूल्य निर्धारण किया जाता है जिसमें उत्पादन की लागत का ध्यान नहीं रखा जाता है।
- गाँव या जिला स्तर पर सहकारी समितियों का गठन और राज्य स्तर पर विपणन महासंघ अधिक प्रभावी ढंग से अंडों के संरक्षण, भंडारण और परिवहन की रसद संभालता है जिसके लिए वर्तमान में सुविधाएँ अपर्याप्त हैं।
- मांग के उतार–चढ़ाव की स्थिति में आपूर्ति को नियमित करने के लिए पर्याप्त कोल्ड चेन इन्फ्रास्ट्रक्चर की आवश्यकता है।
- उत्पादक से उपभोक्ता तक अंडों के शीघ्र दक्षतापूर्वक पहुचाना एवं उपभोक्ताओं को कम मूल्य पर अंडे उपलब्ध करना।

- विपणन लागत और विपणन मार्जिन परिस्थितियों और परिस्थितियों के सेट के आधार पर भिन्न होता है जिनके तहत अंडा व्यापार किया जाता है। लगभग 30 प्रतिशत उपभोक्ता मूल्य विपणन लागतों में जाता है।
- अंडे की गुणवत्ता, मांग और आपूर्ति की स्थिति, विपणन चौनल में शामिल मध्यस्थ और उपभोक्ताओं की सामाजिक–आर्थिक स्थिति और निपटान की गति जैसे कारक विपणन मार्जिन को प्रभावित करते हैं।

❑❑❑

भाग–III

मछली प्रसंस्करण प्रौद्योगिकी

अध्याय–14

मत्स्य संसाधन और मछली उत्पादन

मछली में उच्च गुणवत्ता प्रोटीन की उपलब्धता, प्रोटीन के सस्ते स्रोत के कारण यह उपभोक्ताओं में स्वीकार्य है एवं मछली और इसके उत्पाद आधुनिक आहार प्रणाली में एक महत्वपूर्ण स्थान प्राप्त कर चुका है। मछली का उत्पादन कैप्चर या कल्चर के माध्यम से किया जाता है और यह एक तटीय व ग्रामीण भारतीय के लिए आर्थिक गतिविधि है। परंपरागत रूप से खुले पानी से मछलियों को पकड़ना या इसे किसी तालाब में उगाना सदियों से प्रचलन में रहा है परन्तु वर्तमान में यह क्षेत्र जीवंतता में बदल गया है और न केवल आजीविका का विकल्प प्रदान करता है, बल्कि उच्च रोजगार क्षमता और विदेशी मुद्रा अर्जन में भी सहयोगी है। भारत में मछली का उत्पादन 1950 में 0.75 मिलियन टन से बढ़कर वर्तमान में 6.87 मिलियन टन हो गया है और यह बढ़त आठ गुना से अधिक हो गया है। वहीं अंतर्देशीय मत्स्य पालन का हिस्सा 29 प्रतिशत से बढ़कर 55 प्रतिशत हो गया है। अंतर्देशीय मत्स्य पालन से 3.85 मिलियन टन से अधिक उत्पादन के साथ, देश ने दुनिया में दूसरे स्थान पर कब्जा कर लिया है, जबकि समग्र मछली उत्पादन में यह तीसरे सबसे बड़े उत्पादक के रूप में उभरा है। इस तरह की वृद्धि एक्वाकल्चर में प्रभावशाली विकास के कारण संभव हुई है, मुख्य रूप से मीठे पानी के तालाबों, टैंकों में मछली पालन और तटीय क्षेत्रों में झींगा का पालन। 1980 में एक्वाकल्चर से उत्पादन 0.37 मिलियन टन से बढ़कर 2.4 मिलियन टन हो गया है, जिसमें अकेले कार्प का योगदान 85 प्रतिशत से अधिक है। कार्प, कैटफिश और झींगे देश में संस्कृति प्रथाओं के महत्वपूर्ण घटक हैं। भारत के प्रमुख तीन कार्प्स–कतला, रोहू और मृगल, एक साथ मिलकर करीब दो मिलियन टन से अधिक कुल उत्पादन में हिस्सेदारी का योगदान देते हैं, जिसमें विदेशी सिल्वर कार्प, ग्रास कार्प और कॉमन कार्प अगले महत्वपूर्ण समूह हैं।

पिछले 55 वर्षों के दौरान समुद्री मछलियों में लगभग छह गुना वृद्धि हुई है, जो 2006–07 में 3.02 मिलियन टन दर्ज की गई थी। समुद्री मछली पालन लगभग 0.933 मिलियन लोगों को रोजगार प्रदान करता है, और 1.39 मिलियन अन्य सहायक गतिविधियों में लगे हुए हैं।

तालिका: भारत मे मछली प्रसंस्करण और इसका निर्यात

मछली	**प्रसंस्करण की विधि**
A. फिन मछली	
पोम्फ्रेट (सफेद और काला)	जमे हुए/ठंडा
स्नैपर	जमे हुए/ठंडा
रिबन मछली	जमे हुए/ठंडा
लाल कॉड	जमे हुए/ठंडा
स्किपजैक टूना	फ्रोजन/ठंढा
बड़ी आंख टूना	जमी/ठंढा
मैकेरल	जमी/ठंढा
सीयर मछली	जमे हुए/ठंडा
लेथ्रिनस	जमी/ठंडा
B. क्रस्टेशियंस	
चिंराट	आई.क्यू. एफ./जमी/ठंडा
केकरें	आई.क्यू. एफ. ध्जमी/ठंडा
लॉबस्टर (रॉक/रेत)	आई. क्यू. एफ./जमी/ठंडा
C. सेफेलोपोड्स	
स्क्वीड	जमे हुए/सूखे
कटल मछलियां	जमे हुए/सूखे
ऑक्टोपस	जमे हुए/सूखे
D. मोलस्कैंस	
बड़ी सीप	जमे हुए/सूखे
कस्तूरी जमी	

□□□

अध्याय–15

मछली का प्रसंस्करण

मछली और विशेष रूप से ताजी/गीली मछली अत्यधिक खराब होने वाली खाद्य वस्तुएं हैं एवं उष्णकटिबंधीय क्षेत्रों में मछली पकड़े जाने के कुछ घंटों के भीतर ही खराब हो जाती है। ताजा या गीली मछली के कुल वजन का लगभग 80% पानी और तेल होता है। बाकी 16–18% प्रोटीन होता है, और विभिन्न पानी में घुलनशील घटक जैसे लवण, ट्राइमेथिलैमाइन ऑक्साइड, अमोनिया और कार्बोहाइड्रेट इत्यादि भी कम मात्रा में पाई जाती है। सभी ताजी मछलियों के त्वचा, गलफड़े और आंत्र में मौजूद जीव बहुत तेजी से बढ़ोतरी करते हैं जिससे इसके खराब होने की संभावना होती हैं। यह जीवाणु अपने अंदर उपस्थित एंजाइमों के कारण ट्राइमेथिलैमाइन ऑक्साइड (टीएमएओ) को टीएमए में परिवर्तित कर देता है, अमीनो एसिड और प्रोटीन को अमोनिया, हाइड्रोजन सल्फाइड और अन्य अवांछनीय यौगिकों में परिवर्तित कर देते हैं। इसलिए इसकी गुणवत्ता को बनाये रखने के लिए विभिन्न मछलियों के संरक्षण और प्रसंस्करण की तत्काल आवश्यकता है। ताजा हालत में मछली संरक्षण का मुख्य उद्देश्य माइक्रोबियल खराब होने में देरी करना, कम करना या बाधित करना है। वसायुक्त मछली के संरक्षण में मछली के तेल में ऑक्सीकरण और अन्य अवांछनीय परिवर्तनों को कम करने या बाधित करने का भी लक्ष्य रखा जाना चाहिए।

मछली प्रसंस्करण इकाई

मछली की प्रसंस्करण इकाई आमतौर पर कई फंक्शन के अनुक्रम में पूरा करने पर एक कच्चे उत्पाद को संसाधित उत्पाद में बदलती है। मछली पकड़ने के बाद, इसकी उतराई, बेहोश करना, धोना, छँटाई, ग्रेडिंग करना, स्केलिंग, आंत को बाहर निकलना, सिर को अलग करना, चमड़ी हटाना, सुखाना, फिल्टिंग आदि प्रक्रिया शामिल हैं जो एक ताजा मछली को प्रसंस्कृत उत्पाद में बदलने में मदद करता है।

i) उतराईः जहाज से मछली को विभिन्न तरीकों से उतारा जा सकता है जो अभ्यास और उपकरणों की उपलब्धता पर निर्भर करता है। पारंपरिक उतराई विधि में एक रस्सी का उपयोग कर कंटेनर को जहाज से उतारा जाता है।

रस्सी को खींचने के लिए हाथ से चलाने वाली या बिजली चालित चरखी या क्रेन का इस्तेमाल किया जाता है।

ii) मछली को बेहोश करनाः वर्तमान में विद्युत स्टनर का उपयोग कर मछली को बेहोश लगभग तात्कालिक रूप से मृत किया जाता है।

iii) धुलाईः मछली के शरीर पर विभिन्न प्रकार के बैक्टीरिया, गंदगी, फंगिंग जीव, रक्त इत्यादि उपस्थित हो सकते हैं जिसे अच्छी तरह से धोकर साफ किया जाता है। मछली और शंख के शरीर से कीचड़ और संचित गंदगी को हटाने के लिए रोटरी वॉटर वाशर काफी प्रभावी हैं। टम्बलर वाशर भी व्यापक रूप से उपयोग किए जाते हैं। दबावयुक्त स्प्रे वॉशर और ब्रश या ब्लोइंग वॉशर का भी उपयोग अन्य जलीय जीवों और सीप इत्यादि की धुलाई के लिए किए जाते हैं।

iv) छँटाईः सामान्यतया छँटाई की प्रक्रिया में प्रसंस्करण की श्रृंखला में एक समान सामग्री की छँटाई कर अलग–अलग किया जाता है जिससे प्रसंस्करण की प्रक्रिया आसान हो जाती है। यह कार्य आमतौर पर प्रजातियों, आकार, वजन आदि पर आधारित होते हैं। छँटाई की प्रक्रिया गुणवत्ता कारकों जैसे ताजगी, गंध आदि पर भी आधारित हो सकती है।

v) ग्रेडिंगः ग्रेडिंग कुछ पूर्व निर्धारित मानदंडों के अनुसार एक स्ट्रीम में वस्तुओं का पृथक्करण है। ग्रेडिंग एक आकार (लंबाई, चौड़ाई), वजन, गुणवत्ता और कुछ अन्य माप के आधार पर हो सकती है।

vi) सिंगुलेशनः सिंगुलेशन वस्तुओं के एक समूह को एक–एक समय की धारा में अलग करने की प्रक्रिया है। अधिकांश यूनिट के संचालन से पहले सिंगुलेशन आवश्यक है, चाहे वह स्किनिंग, फिलिंग, एविसेरेशन या कोई अन्य यूनिट प्रक्रिया हो।

vii) अभिविन्यासः अधिकांश मैनुअल और या स्वचालित समुद्री खाद्य प्रसंस्करण कार्यों के लिए इकाई संचालन शुरू होने से पहले मछली को ठीक से उन्मुख करने की आवश्यकता होती है। उदाहरण के लिए, मैनुअल फिल्टिंग के लिए जरूरी है कि मछलियों को फिल्मलेटर के सापेक्ष एक विशेष उन्मुखीकरण में रखा जाए।

viii) स्केलिंगः स्केलिंग एक मछली के बाहरी हिस्से से स्केल को हटाने की प्रक्रिया है। मैनुअल स्केलिंग प्रक्रिया में मछली की बाहरी सतह रगड़कर स्केल को हटाया जाता है मगर यह एक काफी कठिन प्रक्रिया है।

ix) सिर को अलग करना: इसके लिए दो अलग–अलग कटिंग का अभ्यास किया जाता है–स्ट्रेट कट और वी–कट। सीधी कटिंग पीछे की हड्डी के लंबवत् किया जाता है। वी–कट में गलफड़ों के पीछे काटा जाता है लेकिन पीछे की हड्डी के एक बिंदु तक आगे की ओर ले जाया जाता है।

x) शकिंग: इस प्रक्रिया में शेल फिश प्रोसेसिंग के दौरान मांस को शेल से अलग किया जाता है। सीप, क्लैम और अन्य शेल मछली का शकिंग काफी कौशल कार्य है एवं इसके लिए एक अनुभवी श्रमिक की आवश्यकता होती है। वर्तमान में कच्चे सीप मीट के उत्पादन हेतु स्वचालित शकरिंग मशीनें उपलब्ध हैं।

xi) पिकिंग: आमतौर पर पिकिंग से तात्पर्य केकड़े के शरीर से मांस को हटाने से है, हालांकि झींगा के सिर हटाने और छीलने की प्रक्रिया को भी को अक्सर पिकिंग कहा जाता है। नीला केकड़ा का पिकिंग एक कुशल कार्य है जिसके लिए काफी निपुणता की आवश्यकता होती है।

xii) पीलिंग: समुद्री खाद्य प्रसंस्करण में छीलने का मतलब आमतौर पर शेल को झींगा से निकालने की प्रक्रिया से है। चूंकि झींगा का आंत सतह के पास पृष्ठीय पक्ष से नीचे चला जाता है और यह भोजन या रेत से भरा रहता है, इसके हटाने से उत्पाद की गुणवत्ता और विशेषताओं में सुधार होता है।

xiii) आंत का निष्कासन: स्वचालित इकाइयों में यह प्रक्रिया विभिन्न स्तरों पर किया जा सकता है। हार्वेस्टिंग जहाजों पर यह कार्य मैनुअल विधि से किया जाता है। विक्षेपण मछली या शंख या अन्य जलीय जीवों से अंतड़ियों (आंत) को हटाने की प्रक्रिया है। इससे पाचन तंत्र में मौजूद बैक्टीरिया की आबादी को हटाकर और कई एंजाइमों को हटाकर जैविक अपघटन की दर को कम किया जा सकता है। फिनफिश में विक्षेपण के लिए शरीर की गुहा को काटने और अंतड़ियों को हटाने की आवश्यकता होती है। हाथ से निकालने के लिए आमतौर पर तीन कट की आवश्यकता होती है–पेट को खोलना, सिर से जोड़ने वाली अंतड़ियों को काटना और गुदा को काटना। शव के रक्तस्राव को बेहतर बनाने के लिए कुछ मुख्य धमनियों को अलग करना अक्सर सहायक होता है। अच्छी तरह से रक्तस्राव हुई मछली में पट्टियाँ बहुत सफेद होंगी।

स्वचालित निष्कासन की प्रक्रिया में 20–120 मछली प्रति मिनट की दर से विक्षेपण किया जा सकता है जो मैनुएल विधि से कई गुना ज्यादा होता है।

शरीर की गुहा एक उल्टे वी आकार की स्लाइड द्वारा खुली रखी जाती है। क्रस्टेशियन में उत्सर्जन की प्रक्रिया उसके प्रजातियों के साथ बदलता रहता है। श्रिम्प के आंत निकलने की प्रक्रिया में इसके मांसल पूंछ को काट दिया जाता है एवं आंत वाले शरीर के बाकी हिस्सों को भी काट कर हटा दिया जाता है।

xiv) फिलेटिंगः एक मछली के प्रत्येक तरफ से बड़े मांस को एक टुकड़े में निकालने की प्रक्रिया को फिलेटिंग कहा जाता है। व्यापक रूप से वाणिज्यिक मछुआरों और वाणिज्यिक प्रोसेसर द्वारा मैनुअल फिल्टिंग का उपयोग किया जाता है। आमतौर पर मछली को गिल्स के ठीक पीछे चाकू से छेदा जाता है। चाकू को रीढ़ के साथ इस तरह से सरकाया जाता है कि पृष्ठीय पंख त्वचा की बहुत संकरी पट्टी हड्डी से चिपकी रह जाती है।

फिलेटिंग मशीन अक्सर एक अत्यधिक कुशल मैनुअल फिलेटर से ज्यादा मांस नहीं हटाती है। हालांकि, वे अकुशल या मध्यम कुशल मैनुअल फाइललेटर्स की तुलना में अधिक मांस निकाल सकते हैं। फिलेटिंग मशीन एक या अधिक से अधिक दो ऑपरेटरों के साथ प्रति मिनट 20–40 मछली संसाधित कर सकती है। मछली के ब्लॉक बनाने और अन्य उद्देश्यों के लिए व्यापक रूप से उपयोग किया जाता है।

xv) स्किनिंगः स्किनिंग एक पूरी मछली या मछली के एक हिस्से से त्वचा को हटाने की प्रक्रिया है। पट्टिका से त्वचा को हटाने के लिए एक तेज चाकू और फ्लैट बोर्ड की आवश्यकता होती है, जिसमें मछली को बोर्ड पर त्वचा के नीचे की तरफ रखा जाता है और मांस को बाएं हाथ में पकड़ लिया जाता है और चाकू को त्वचा और मांस के बीच से गुजारा जाता है। मछली की मैकेनिकल स्किनिंग के लिय आमतौर पर तीन बुनियादी प्रक्रियाओं का उपयोग करके किया जाता हैः दोलन चाकू, निश्चित चाकू और बैंड चाकू। ऑसिलेटिंग नाइफ सिस्टम मैनुअल स्किनिंग ऑपरेशंस के रूप में काम करते हैं। कैटफिश को कभी–कभी खुरदरा सतह वाली क्षैतिज घूर्णन सिलेंडर का उपयोग करके चमरी हटाया जाता है। कैटफिश को सोडियम हाइड्रॉक्साइड के टैंक में डुबोकर चमड़ी को अलग किया जा सकता है। अनुशंसित उपचार के अनुसार मछली को 100°C पर 9 प्रतिशत सोडियम हाइड्रॉक्साइड के घोल में 2 मिनट के लिए डुबोया जाता है, इसके बाद इसे पानी से धो देते हैं। धुली हुई मछली को तत्काल 2 प्रतिशत एसिटिक एसिड के घोल में 2 मिनट

के लिए रखा जाता है जिससे मांस का पीएच उसके मूल मान पर पुन स्थापित हो जाता है।

xvi) कैंडलिंगः कैंडलिंग द्वारा उत्पाद में किसी भी दोष या अशुद्धियों का पता लगाने के लिए एक प्रकाश माध्यम से पारित करने की प्रक्रिया है। समुद्री खाद्य प्रसंस्करण में परजीवियों का पता लगाने के लिए कैंडलिंग व्यापक रूप से इस्तेमाल की जाने वाली प्रक्रिया है। परजीवी या अन्य दोष काले धब्बे की रेखाओं, या अनियमितताओं के रूप में दिखाई देते हैं।

xvi) ब्लॉक निर्माणः मछली के ब्लॉक हड्डीरहित पट्टिका होते हैं जिन्हें एक फ्रेम में एक साथ रखा जाता है, थोड़ा संकुचित किया जाता है, और निश्चित आकार का एक ठोस ब्लॉक बनाया जाता है। फ्रेम और बॉक्स को फिर एक गुणक फ्रीजर में रखा जाता है और 3 घंटे या उससे कम समय में –38 डिग्री सेल्सियस पर जमाया जाता है।

मछली का शीतलीकरण

उष्णकटिबंधीय और समशीतोष्ण जलवायु में ताजी मछली के संरक्षण का सबसे महत्वपूर्ण साधन इसे लगभग 0 डिग्री सेल्सियस तक ठंडा करना है। गीली बर्फ, बर्फ और समुद्र के पानी का मिश्रण या अति ठंडा समुद्री पानी का इस्तेमाल शीतलीकरण माध्यम के रूप में किया जाता है। केवल एक से दो सप्ताह तक अल्पावधि संरक्षण के लिए मछली की चिलिंग, इसके प्रकार और तापमान में कमी पर निर्भर करती है। यह देखा गया है कि वसायुक्त मछली, जैसे कि हेरिंग को $0^{o}C$ पर बर्फ के पानी में तीन से चार सप्ताह तक बिना आंत को निकाले रखा जा सकता है। ताजी मछलियों का भण्डारण क्षमता बढ़ाने के लिए इसे 0 डिग्री सेल्सियस पर रखने से पहले विकिरणित कर वैक्यूम पैक किया जा सकता है। हालांकि, मछली की गुणवत्ता में भण्डारण के दौरान धीरे–धीरे से कमी आती है जो कि संभवतः मांसपेशियों के ऊतकों में एडेनोसिन ट्राइफॉस्फेट (एटीपी) के हाइपोक्सैन्थिन में रूपांतरण जैसी प्रतिक्रियाओं के कारण होता है। चिलिंग करने से जीवाणुओं की वृद्धि एवं विभिन्न जैव रासायनिक प्रतिक्रियाएं कम हो जाती या रुक जाती है।

कभी–कभी ताजा नमक को नमक, चीनी या यहां तक कि एसिड से उपचारित कर चिल स्टोरेज लाइफ को बढ़ाया जा सकता है। नमक लगभग 4–5% और लैक्टिक एसिड किण्वन, चीनी द्वारा समर्थित, 5–5.5 के बीच पीएच को कम करके बोटुलिनम टाइप ई विष के उत्पादन को रोका जा सकता है और कई हफ्तों तक भंडारण जीवन को बढ़ाया जा सकता है।

मछली को जमाना

सदियों से दीर्घकालिक संरक्षण के साधन के रूप में मछली को जमाने की प्रक्रिया प्रचलित है। हालांकि, बैक्टीरियल खराबी को रोकने के बावजूद भण्डारण के दौरान मछली की गुणवत्ता में भारी गिरावट आती है। मछली को जमाने के दो तरीके हैं– धीमी गति से जमाना और तेज गति से जमाना। धीमी गति से जमाने की प्रक्रिया में मछली का आंतरिक तापमान –18°C पहुँचने में 3 से 72 घंटे का समय लगता है। इस प्रक्रिया में मांसपेशियों के भीतर बर्फ के बड़े क्रिस्टल के निर्माण के परिणामस्वरूप मछली की गुणवत्ता में गिरावट आती है जो एक अपरिवर्तनीय क्षति होती है। दूसरी ओर मिनटों के भीतर अत्यंत तेज रफ्तार से जमने (आंतरिक तापमान–18 डिग्री सेल्सियस, 30 मिनट के भीतर) के कारण मांसपेशियों के तंतुओं के टूटने से उत्पाद की गुणवत्ता को नुकसान पहुंच सकता है। कई शोधकर्ताओं ने बताया कि –10 डिग्री सेल्सियस पर संग्रहित ट्राउट तीन से चार महीनों के भीतर बासी और बेस्वाद हो गया, जो कि –20 डिग्री सेल्सियस पर आठ महीने तक संग्रहित किया जा सकता है, जबकि –30 डिग्री सेल्सियस पर लंबे समय तक अच्छी तरह संग्रहित किया जा सकता है। इसलिए, दीर्घकालिक संरक्षण के लिए मछली को –30°C से कम तापमान पर भंडारित करना चाहिए। हालांकि, जमाने से पहले मछली को फ्रीजर बर्न से रोकने के लिए उपयुक्त पैकेज में पैक किया जाना चाहिए। कुछ गैडॉइड प्रजातियों में मौजूद टीएमएओ कोल्ड स्टोरेज के दौरान डीएमए और फॉर्मल्डिहाइड में विभाजित होने की प्रवृत्ति होती है जिसका प्रतिकूल प्रभाव मछली के बनावट पर पड़ता है।

मछली को सुखाना

साबुत मछली, स्प्लिट फिश और फिश फिलेट्स को साधारण तरीके से सुखाया जाता है और बिना नमक वाली मछली में पानी की मात्रा 10 प्रतिशत से कम तक लाना होता है। सूखी मछली में नमी का यह स्तर बैक्टीरिया के अपघटन को रोकने में सक्षम होता है। आमतौर पर उच्च वसा वाली मछली की तुलना में कम वसा वाली मछली को सूखना अधिक उपयुक्त होता है क्योंकि वसा की मात्रा ज्यादा होने पर इसमें तेजी से ऑक्सीडेटिव परिवर्तनों के कारण यह बासी हो सकता है। सुखाने का तापमान भी महत्वपूर्ण है क्योंकि समशीतोष्ण पानी की मछली की मांसपेशी प्रोटीन 30 डिग्री सेल्सियस से ऊपर के तापमान पर तेजी से विकृत हो जाती है। उष्णकटिबंधीय जल मछली के लिए यह तापमान 50 डिग्री सेल्सियस से अधिक नहीं होना चाहिए।

उष्ण कटिबंध इलाकों में मछली के सुखाने की पारंपरिक विधि में सुखाने के दौरान और बाद में अक्सर अनियंत्रित कीट के प्रकोप से बड़ी समस्याएं उत्पन्न होती हैं, जिसके परिणामस्वरूप मछली में प्रोटीन का बहुत नुकसान होता है। हालाँकि, नियंत्रित सौर–उर्जा विधि से मछली को सुखाने से इस समस्या को दूर किया जा सकता है क्योंकि यह 45°C से ऊपर संचालित होता है, जिस तापमान पर मक्खी के कीड़े जीवित नहीं रह सकते।

मछली का कीमा जैसे सस्पेंशन हेरिंग बिना किसी जटिलता के स्प्रे ड्रायर में प्रभावी ढंग से सूख सकती है, जबकि कॉड को रेशेदार सामग्री के रूप में सुखाया जाता है जो सुखाने की मशीन के अंदर की सतहों से चिपक जाती है। दूसरी ओर, रोलर सुखाने की विधि में 2 प्रतिशत से अधिक वसा वाले मछली को सुखाने के लिए अनुपयुक्त है, लेकिन कॉड जैसी कम वसा वाली मछली को सुखाने के लिए बहुत उपयुक्त है जो हल्के रंग के तंतुओं के रूप में निकलती है। यह फिश प्रोटीन कॉन्संट्रेट (FPC) अपेक्षाकृत सस्ता उत्पाद है जिसमें 70–75 प्रतिशत प्रोटीन, 10–15 प्रतिशत खनिज, 10% तक नमी और 10% तक वसा होता है। यह उत्पाद कुछ आपदा प्रभावित क्षेत्रों में राहत भोजन के लिए उपयुक्त है, लेकिन कई देशों में इसकी रेतीली और किरकिरा बनावट और अनाकर्षक रूप के कारण विपणन बाधित है।

नमकीन बनाना/किउरिंग

नमक मांसपेशियों की कोशिका के अंदर ऑसमोटिक दबाव को बढ़ाता है और इस तरह बैक्टीरिया के विकास के लिए पानी की उपलब्धता को कम करता है। मछली को नमकीन कई विधियों से बनाया जा सकता है, जैसे हार्ड साल्टिंग, स्लैक सैल्टिंग, लाइट सॉल्टिंग आदि एवं यह तैयारी उत्पाद की गुणवत्ता या उपभोक्ताओं की मांग पर निर्भर करता है।

क) **हाथ से नमकीन बनानाः** इसके लिए प्रति 100 किलो मछली में कम से कम 25 किलो नमक का इस्तेमाल किया जाता है।

ख) **स्लैक साल्टिंगः** प्रति 100 किग्रा मछली में 10–15 किग्रा. नमक।

जापान में हार्ड साल्टिंग और स्लैक सैल्टिंग का व्यापक रूप से उपयोग किया जाता है।

ग) **सूखी नमकीनः** यह एक सरल तरीका है जिसमें मछली के एक परत के ऊपर नमक, फिर मछली की परत बनाकर जल निकासी की व्यवस्था की जाती है और इसमें रिसालटिंग की आवश्यकता हो सकती है।

घ) **नमकीन पानी के साथः** मछली को नमकीन पानी वाले बैरल के भीतर से गुजारा जाता है एवं इसके प्रभाव को बढ़ाने के लिए संतृप्त नमकीन पानी का भी इस्तेमाल किया जा सकता है।

फिश कैनिंग

साल्मन और सार्डिन में कैनिंग का व्यापक रूप से उपयोग किया जाता है और कभी–कभी टूना, मैकेरल और अन्य वसायुक्त प्रजातियों के लिए भी किया जाता है। आमतौर पर डिब्बाबंदी से पहले मैकेरल, पायलकार्ड, सार्डिन और स्प्रैट को पहले पकाया जाता है। इससे मछली में जल की मात्रा कम हो जाती है। तैयार उत्पादों में विशेष स्वाद प्राप्त करने के लिए अक्सर थोड़ा धूमन या मसाले या सब्जियों का उपयोग किया जाता है। एक सफल कैनिंग की प्रक्रिया उत्पाद को पूरी तरह से सूक्ष्मजीवों से सुरक्षा प्रदान करती है। उचित कैनिंग के लिए कैन के अंदर की सामग्री का आंतरिक तापमान 116 डिग्री सेल्सियस तक पहुंचना चाहिए।

रिटॉर्टिंग उत्पाद को गर्म करने की एक विधि है। रिटोर्ट मशीन में उत्पाद को पकाने के उद्देश्य से गर्म पानी और/या भाप से भरा जा सकता है। डिब्बाबंद उत्पादों को एक कैन में सील करने के बाद स्टरलाइज करने के लिए खाद्य उद्योग में बड़े पैमाने पर रिटॉर्टिंग का उपयोग किया जाता है। कैनिंग प्रक्रिया द्वारा टूना मछली को नियमित रूप से प्रसंस्कृत किया जाता है। रिटॉर्ट का उपयोग जीवित केकड़ों को पकाने और केकड़े के मांस को पास्चुरीकृत करने के लिए भी किया जाता है।

रिटॉर्टिंग का मूल उद्देश्य किसी उत्पाद के तापमान को इतना बढ़ाना है कि या तो कैनिंग प्रक्रिया के सामान अनिवार्य रूप से सभी जीवाणुओं को मार दिया जाए, या किसी उत्पाद में बैक्टीरिया की आबादी को बहुत कम कर दिया जाए, जैसे कि केकड़े के मांस को पाश्चुरीकृत करना या किसी उत्पाद को केकड़े की तरह नम वातावरण में वांछित मात्रा में पकाना। आमतौर पर 30–140k Pa के रिटॉर्ट प्रेशर का उपयोग किया जाता है।

विकिरण

बैक्टीरिया की आबादी को कम करने के लिए गामा विकिरण (0.2–0.3 मीलीरैड) का उपयोग किया जाता है। हाल ही में डब्ल्यूएचओ की खाद्य संयुक्त विशेषज्ञ समिति/एफएओ द्वारा अनुशंसित 10 KGy तक विकिरण मछली उद्योग में उपयोग किया जा सकता है।

धूमण प्रक्रिया

धूमण प्रक्रिया द्वारा उत्पाद को सुखाने और इसके सतह पर लकड़ी के धुएं में उपस्थित रसायनों के जमा होने के कारण मछली के मांस में इसका परिरक्षक प्रभाव होता है। जलती हुई लकड़ी के धुएं में कई यौगिक होते हैं जो बैक्टीरिया को मारते हैं एवं इसके विकास को रोकते हैं। आग से निकलने वाली गर्मी सूखने का कारण बनती है, और यदि तापमान काफी अधिक है, तो मांस पक भी जाता है। ये दोनों कारक बैक्टीरिया के विकास और एंजाइम गतिविधि को रोकते हैं जो खराब होने का कारण बन सकते हैं। मछली को कई तरह से धूमण किया जा सकता है, जैसे ठंडा धूमण, गर्म धूमण, तरल धूमण आदि। आमतौर पर ठंडे धूमण में 35 डिग्री सेल्सियस तापमान का उपयोग किया जाता है जो मछली को पकाने के लिए पर्याप्त नहीं है। इसके लिए अक्सर गर्म धूमण पसंदीदा तरीका होता है। इसके अलावा, गर्म–धूमित उत्पाद का भण्डारण जीवन लंबा होता है, क्योंकि मछली के सूखने तक धूमण किया जाता है। दूसरी ओर तरल धूमण अधिक फायदेमंद है क्योंकि गर्म या ठंडा धूमण से कैंसर कारक पदार्थ (बेंजपायरीन और डि–बेंजेंथ्रासिन) उत्पन्न हो सकते हैं।

किण्वन प्रक्रिया

किण्वन एक ऐसी प्रक्रिया है जिसके द्वारा लाभकारी जीवाणुओं को बढ़ने के लिए प्रोत्साहित किया जाता है। ये बैक्टीरिया मछली की अम्लता को बढ़ाते हैं और इसलिए खराब होने और खाद्य विषाक्तता बैक्टीरिया के विकास को रोकते हैं। इसके अतिरिक्त खराब बैक्टीरिया की क्रिया को रोकने के लिए नमक का उपयोग किया जाता है और मछली के एंजाइम और लाभकारी एसिड–उत्पादक बैक्टीरिया को मांस को नरम (टूटने) होने में नमक मदद करता है। इसलिए किण्वन एक ऐसी प्रक्रिया है जिसमें वांछनीय सूक्ष्मजीवों की नियंत्रित क्रिया द्वारा मछली के स्वाद या बनावट को बदलने और शेल्फ जीवन को बढ़ाने में मदद मिलती है। मछली संरक्षण की कम लागत वाली विधि के रूप में किण्वन का उपयोग आमतौर पर पूरे विश्व

में किया जाता है। कई अलग–अलग प्रकार के किण्वित उत्पाद हैं, उदाहरण के लिए– मछली पेस्ट (बैगूंग), बोरोंग डालग (दाल व मछली चावल), इजुशी (मछली, चावल + सब्जी), कत्सु ओबुशी और उनकी प्रकृति काफी हद तक किण्वन की सीमा पर निर्भर करती है।

प्रसंस्कृत मूल्यवर्धित मछली उत्पाद

मछली और मछली उत्पादों के मूल्य संवर्धन से आयातक और निर्यातक दोनों देशों से उपभोक्ता की दिन–प्रतिदिन की जरुरतों को पूरा करने के अलावा सामाजिक–आर्थिक स्थितियों में सुधार के लिए विविध कार्यात्मक भूमिका है। इसके अलावा इससे रोजगार और आय में बढ़ोतरी होती हैं। आजकल मूल्य–संवर्धन अधिक महत्वपूर्ण है क्योंकि सामाजिक परिवर्तनों के कारण बाहरी खान–पान, सुविधा उत्पादों और खाद्य सेवाओं का विकास हुआ है, जिसमें खाने के लिए तैयार मछली उत्पादों की आवश्यकता होती है या परोसने से पहले थोड़ी तैयारी की आवश्यकता होती है। प्रसंस्कृत उत्पाद घटते प्रसंस्करण समय के माध्यम से उपभोक्ता को बढ़ती सुविधा प्रदान करते हैं, प्रसंस्करण चरणों को कम करते हैं और जोखिम को कम करके उत्पाद को रसोई में ले जाने की अनुमति देते हैं। इससे खाद्य–सुरक्षा को भी बढ़ावा मिलता है और सामाजिक व सांस्कृतिक गतिविधियों की आवश्यकता को पूरा करता है। हालांकि, प्रौद्योगिकी की उपलब्धता के बावजूद मछली के मूल्यवर्धन प्रक्रिया शुरू करने से पहले, वितरण, विपणन, गुणवत्ता आश्वासन और व्यापार बाधाओं सहित आर्थिक व्यवहार्यता पहलुओं पर सावध ानीपूर्वक विचार किया जाना चाहिए। विभिन्न मूल्यवर्धित मछली उत्पादों में फिश स्प्रेड, फिश केक, फिश सूप पाउडर, फिश ब्लॉक, फिश स्टिक, फिश पार्ट, पैटी, नगेट्स और विभिन्न एनरोबेड फिश उत्पाद शामिल हैं। इनमें मछली कीमा सुरमी, कामाबोको और विभिन्न प्रकार के केंड मछली उत्पाद भी शामिल हैं। कुछ मूल्यवर्धित मछली उत्पादों का उल्लेख यहां किया गया है–

सुरमी और सुरमी आधारित उत्पाद

सुरमी एक प्रकार का मछली का मांस है जिसे यांत्रिक विधि द्वारा इसके हड्डी से अलग किया एवं धोया हुआ है। यह एक मध्यवर्ती उत्पाद है जिसका उपयोग विभिन्न प्रकार के समुद्री भोजन जैसे कामाबोको, मछली सॉसेज, केकड़ा पैर और नकली झींगा उत्पादों को तैयार करने के लिए किया जाता है। उत्तरी अमेरिका, यूरोप और अन्य जगहों पर जापानी रेस्तरां और पाक परंपराओं के उद्भव के कारण

दुनिया भर में सुरीमी–आधारित उत्पाद अधिक प्रमुखता प्राप्त कर रहा है। सुरीमी की तैयारी के चरण–

मछली

↓

चमड़ा रहित यांत्रिक तरीके से अलग किया हुआ मछली का मांस

↓

रक्त व अन्य घुलनशील घटक, वसा को हटाने के लिए पानी और नमक के घोल से धोना

↓

अतिरिक्त पानी का निकास

↓

कच्चा सुरमी

↓

एंटी–डिनाट्यूरेटिंग सामग्री (चीनी / फॉस्फेट) को डालना

↓

जमाना

↓

जमा सुरमी

सुरमी को कम मूल्य व सफेद मांस वाली मछली से बनाया जाना चाहिए जिसमें उत्कृष्ट जेलिंग क्षमता हो और जो प्रचुर मात्रा में साल भर उपलब्ध हो। वर्तमान में अलास्का पोलैक सुरमी आपूर्ति का एक बड़ा फर्म है। अन्य प्रजातियों, जैसे सार्डिन, मैकेरल, बाराकुडा, धारीदार मुलेट का भी सुरमी उत्पादन के लिए सफलतापूर्वक उपयोग किया गया है।

समुद्री सिवार

सालाना लगभग 6 मिलियन मीट्रिक टन गीला समुद्री शैवाल काटा जाता है। पिछले पचास वर्षों में बढ़ती मांग ने अनुसंधान के माध्यम से कृषि उद्योगों का विकास किया है जो अब बाजार की मांग का 90% से अधिक उत्पादन करते हैं। भोजन के लिए इसके उपयोग के अलावा, समुद्री शैवाल को औद्योगिक रूप से गाढ़ा करने वाले सामग्री, जैसे कि एल्जीनेट, अगर और कैरेजेनन को निकालने के लिए या सूखे और भूरे समुद्री शैवाल का पाउडर उत्पादन के लिए किया जाता है, जिसका उपयोग पशुचारा में एक योजक के रूप में किया जाता है।

फिशमील और मछली का तेल

फिशमील एक ठोस उत्पाद है जो मछली या मछली के कचरे से अधिकांश पानी और तेल को हटाकर प्राप्त किया जाता है। यह उद्योग 19वीं शताब्दी में शुरू किया गया था, जो मुख्य रूप से तटीय मत्स्य पालन से हेरिंग के अधिशेष पर आधारित था, जो चमड़े, साबुन, ग्लिसरॉल और अन्य गैर–खाद्य उत्पादों के उत्पादन में औद्योगिक उपयोग के लिए तेल का उत्पादन करता था। वर्तमान में, मछली के भोजन और तेल का उत्पादन करने के लिए छोटी तैलीय मछलियों का उपयोग होता है। मानव उपभोग के लिए अलाभकारी या अव्यावहारिक मछली को तेल बनाने के काम में लेना चाहिए। दरअसल, मुर्गी या सूअर के चारा के रूप में फिशमील का इस्तेमाल लाभदायक नहीं होता क्योंकि लगभग 1 किलो चिकन या सूअर का मांस पैदा करने के लिए 3 किलो फिशमील की आवश्यकता होती है।

मछली करी

मछली करी धातु के डिब्बे में संसाधित खाने के लिए तैयार उत्पाद है। सार्डिन, सीर, मैकेरल, हेरिंग आदि मछलियों को करी बनाने के लिए उपयोग कर डिब्बे में उपलब्ध कराया जाता है।

फिश बॉल

मछली की कई किस्में हैं, जो घरेलू रसोई में मछली उत्पाद बनाने के लिए इस्तेमाल नहीं किया जा सकता, लेकिन इनकी पोषक मूल्य और अन्य विशेषताओं में कई मछली की तुलना बराबर होती है। ऐसी मछली के प्रभावी उपयोग को सुनिश्चित करने के लिए इन्हें परोसने के लिए तैयार उत्पाद या पकाने के लिए तैयार मूल्यवर्धित उत्पाद में बदला जा सकता है। इस प्रकार के उत्पाद की मांग देश और विदेशों में पहले से ही मौजूद है। फिश बॉल एक ऐसा उत्पाद है जिसे फिश कीमा और स्टार्च का उपयोग करके तैयार किया जाता है। इसे एक लेपित उत्पाद के रूप में पकाया जा सकता है या एक उपयुक्त द्रव माध्यम में भी गर्म कर पकाया जा सकता है।

मछली कटलेट

इस उत्पाद को तैयार करने के लिए पकी हुई मछली या 'मछली कीमा' का उपयोग किया जाता है। मछली कीमा में अन्य खाद्य सामग्री जैसे चना दाल, आलू, मसाले इत्यादि मिलाकर गर्म तेल या ओवन में पकाया जा सकता है।

फिश वेफर्स

इस प्रकार के उत्पाद देश के अधिकांश हिस्सों में बहुत लोकप्रिय हैं। सूखे, तलने के लिए और परोसने के लिए तैयार वेफर्स में मुख्य रूप में कार्बोहाइड्रेट का उपयोग किया जाता है, साथ ही मछली का कीमा, मसाले, नमक और कई अन्य सामग्री का उपयोग किया जाता है एवं यह उत्पाद अलग–अलग भाषाओं में अलग–अलग नामों से जाना जाता हैः मलयालम में 'कोंडट्टम', तमिल में 'वथल', कानारेस में 'सैंडिंग्स', तेलुगु में 'ओडियालु' और बंगाली में टिकिया'। इस प्रकार के मछली उत्पाद में प्रोटीन की मात्रा समृद्ध होती है।

मछली सूप पाउडर

विभिन्न सामग्रियों जैसे सब्जियों, मांस, अंडा, चिकन आदि से तैयार सूप पाउडर दुनिया के विभिन्न हिस्सों में बहुत लोकप्रिय हैं। ये प्रोटीन, विटामिन, वसा और खनिजों जैसे आहार घटकों से भरपूर होते हैं। हालांकि, सूप बनाने में मछली का उपयोग आम नहीं है। लेकिन हमारे देश में कम आर्थिक मूल्य की मछलियों को समान गुणों वाले उत्पाद तैयार करने के लिए बहुत अच्छी तरह से नियोजित किया जा सकता है।

मछली उत्पादों के पोषण, रासायनिक, सूक्ष्मजीवविज्ञानी और संवेदिक गुणवत्ता

1. मछली उत्पादों में आसानी से पचने वाले प्रोटीन (16–18%), वसा तेल और खनिजों की उच्च गुणवत्ता होती है लेकिन इसमें कार्बोहाइड्रेट की कमी होती है।
2. मछली का तेल पॉली अनसैचुरेटेड फैटी एसिड (PUFA) का एक बहुत समृद्ध स्रोत है, विशेष रूप से ω–3 फैटी एसिड, जो मछली के प्रकार और उनके उत्पादों पर निर्भर करता है। यह देखा गया है कि जब इस फैटी एसिड को आहार में शामिल किया जाता है तो वे एथेरोस्क्लेरोसिस से बचाते हैं, छोटे बच्चे में रेटिना और मस्तिष्क के विकास में सुधार करते हैं।
3. हालांकि पीयूएफए की उच्च मात्रा के कारण इसमें लिपिड ऑक्सीकरण प्रक्रियाओं के कारण कुछ दिनों के भीतर उत्पादों की संवेदिक गुणवत्ता प्रभावित हो जाती है। समुद्री खाद्य उत्पादों में यह समस्या और बढ़ जाती है, खासकर जब जीवाणु क्रियाओं से टीएमएओ के टूटने से टीएमए उत्पन्न करता है जो उत्पाद में बहुत ही अप्रिय गंध का उत्सर्जन करता है।

4. कुछ अन्य रासायनिक उत्पाद, जैसे हिस्टामाइन डाईएमाइन (कैडवेरिन और पुट्रेसिन) और कुल वाष्पशील घटक भी उत्पादों की गुणवत्ता को काफी प्रभावित करते हैं।

5. मछली की स्वीकार्य गुणवत्ता के लिए प्रति 100 ग्राम मछली में टीएमए की मात्रा 5 मिलीग्राम और कुल वाष्पशील आधार (टीवीबी) 30 मिलीग्राम से ज्यादा नहीं होना चाहिए।

6. चूंकि यह कार्बोहाइड्रेट रहित उत्पाद होते हैं, अतः सूक्ष्मजीव अपने विकास के लिए प्रोटीन घटकों का तेजी से उपयोग करते हैं जिससे उत्पाद तेजी से खराब होता है। इसके अलावा मछली में उच्च मात्रा में टीएमएओ आंतों के माध्यम से मांस में बैक्टीरिया के आक्रमण की सुविधा प्रदान करता है जिसे सबसे पहले गिल के खराब होने से पहचाना जा सकता है।

❑❑❑

अध्याय–16

मछली और मत्स्य उत्पादों का खराब होना और गुणवत्ता नियंत्रण

मीठे व नमकीन पानी की मछली या अन्य समुद्री खाद्य उत्पादों में बैक्टीरिया सहित ऑक्सीकरण की क्रिया के साथ–साथ ऑटोलिसिस द्वारा खराब होने वाले परिवर्तन होते रहते हैं। सभी मछलियाँ प्रोटीन से भरपूर होती हैं, जबकि उनमें कार्बोहाइड्रेट की कमी होती है। मछली की वसा सामग्री प्रजातियों के आधार पर परिवर्तनशील होती है। आमतौर पर यह माना जाता है कि मछली का आंतरिक मांस जीवाणु रहित होता है और माइक्रोबियल खराबी की तुलना में इसमें अंतर्निहित ऑटोलाइटिक एंजाइमों के कारण बहुत तेजी से अपघटन होता है। मछली के मांस में ज्यादा मात्रा में असंतृप्त फैटी एसिड होते हैं जो ऑक्सीडेटिव परिवर्तनों के लिए अति संवेदनशील होते हैं। बर्फ में रखी ताजा मछली हमेशा बैक्टीरिया द्वारा खराब होती है, जबकि नमकीन और सूखी मछलियों में फफूंद के कारण खराब होने की संभावना अधिक होती है। मछली के खराब होने के लिए जिम्मेदार बैक्टीरियल प्रजाति में स्यूडोमोनास, एसिनेटोबैक्टर, मोराक्सेला, अल्कालिजेन्स, माइक्रोकोकस, फ्लेवोबैक्टीरियम, सेर्सिना, सेरासिया, विब्रियो और बैसिलस शामिल हैं। स्यूडोमोनास प्रजाति –3 डिग्री सेल्सियस पर मछली को खराब करने में सक्षम हैं, हालांकि यह खराबी काफी धीमी गति से होती है।

नमक और ताजे पानी की मछली का खराब होना एक ही तरीके से होता है, मगर खारे पानी की मछली में अमीनो एसिड, अमोनिया, ट्राइमेथाइलमाइन, क्रिएटिन, टॉरिन, यूरिक एसिड, एनसेरिन, कार्निटाइन, कार्नोसिन और हिस्टामाइन जैसे अधिक गैर–प्रोटीन नाइट्रोजन युक्त यौगिक होते हैं। ताजी मछली पर मौजूद बैक्टीरिया आमतौर पर तीन जगहों पर पाए जाते हैं– बाहरी कीचड़, गलफड़े और मछली की आंत। मछली का सबसे संवेदनशील हिस्सा गलफड़े होते हैं, इसलिए गलफड़ों में बदबू आना मछली के खराब होने के सबसे पहली पहचान में से एक है। यदि मछली को मरने के तुरंत बाद आँतों को नहीं निकला जाता तो आंतों के बैक्टीरिया जल्द ही आंतों की दीवारों के माध्यम से और आंतों के गुहा और मांस में अपना रास्ता बना लेते हैं। इस प्रक्रिया में प्रोटीयोलाइटिक एंजाइमों, या आंतों

के अंदर से बैक्टीरियल एंजाइम, या दोनों द्वारा सहायता प्रदान की जाती है। हालांकि मछली खराब करने वाले बैक्टीरिया कीचड़ और मछली के बाहरी आवरण/चमरी पर बहुत धीरे–धीरे बढ़ते हैं।

मछली के खराब होने के प्रारंभिक चरण के दौरान बैक्टीरिया सरल यौगिकों का उपयोग करते हैं और उसके परिणाम विभिन्न दुर्गंधयुक्त यौगिकों का उत्पादन करते हैं। बैक्टीरिया में अमीनो एसिड, ट्राइमेथिलमाइन ऑक्साइड (टीएमएओ), क्रिएटिन और अन्य संबंधित यौगिकों के उपयोग करने में सक्षम है और इससे ट्राइमेथिलमाइन, अमोनिया, हाइड्रोजन सल्फाइड, इंडोल मार्केप्टन आदि का उत्पादन होता है। हेरिंग, मैकेरल, सैल्मन आदि जैसी उच्च वसा वाली मछली माइक्रोबियल खराब के साथ–साथ ऑक्सीकरण भी शुरू हो जाती है। मछली की त्वचा कोलेजन प्रोटीन से समृद्ध होती है जो स्क्लेरोप्रोटीन (केरोटिन समूह) से बने होते हैं जिनका उपयोग बैक्टीरिया द्वारा नहीं किया जा सकता है और खराब होने की प्रक्रिया के अंतिम चरण में इनका विघटन होता है।

मछली को खराब करने वाले सभी जीवाणुओं में स्यूडोमोनास (46%) का सबसे अधिक योगदान है, इसके बाद शीवनेला प्रजाति का जो मछली खराब होने के अंतिम चरण में H_2S का उत्पादन करते हैं और विशेष रूप से TMAO को कम करते हैं।

मछली की खराबी को प्रभावित करने वाले कारक

मछली की प्रजाति या प्रकार, मछली की स्थिति, संदूषण का स्तर, मौसम की स्थिति (ठंडा या उच्च तापमान), संरक्षण की विधि (शीतलन, ठंड या रासायनिक उपचार जैसे एंटीबायोटिक्स आदि) जैसे कई कारक हैं जो इसके भण्डारण क्षमता को प्रभावित करते हैं।

मछली की प्रजाति या प्रकार– समुद्री और ताजे पानी की मछलियों में विभिन्न प्रकार की मछलियाँ मौजूद होती हैं। उनकी रासायनिक संरचना, आकार और प्रकार अलग–अलग होते हैं। वसायुक्त मछलियाँ असंतृप्त वसा अम्लों के ऑक्सीकरण के कारण बहुत जल्दी खराब हो जाती हैं और अगर ये मछलियाँ समुद्री संसाधनों से आने वाली हैं तो ताजे पानी की मछलियों की तुलना में थोड़ी पहले खराब हो जाती हैं, जो कि उनकी उच्च मात्रा में टीएमएओ के उत्पादन कारण होता है। कठोर होने की प्रक्रिया के तेजी के कारण गोल मछली, चपटी मछलियों की तुलना में तेजी से खराब हो जाती हैं।

मछली की स्थिति: ऑक्सीजन की कमी या अत्यधिक हैंडलिंग के कारण ग्लाइकोजन के टूटने से लैक्टिक एसिड के उत्पादन होता है और मांस का पीएच तेजी से गिरने लगता है। खाली आंत वाली मछली की तुलना में दाने से भरी आंत वाली मछली जल्दी खराब हो जाती है।

मौसम की स्थिति: उच्च तापमान के संपर्क में आने वाली मछलियों के ठंडे वातावरण में रखी गई मछलियों की तुलना में बहुत जल्दी खराब होने की संभावना होती है। जीवाणु विकास के अंतराल को धीमा करने के कारण ठंडे तापमान मछली की गुणवत्ता को बनाए रखते हैं जिससे इनकी भण्डारण अवधि का विस्तार होता है।

संदूषण की सीमा: मिट्टी, गंदगी, धूल, कीचड़, आंतों की सामग्री से अत्यधिक दूषित मछली आमतौर पर जल्दी खराब हो जाती है। मछली का आंत निकलने व उचित धुलाई द्वारा कीचड़ को हटाने से इनकी भण्डारण अवधि को बढ़ाया जा सकता है। मछली की क्षतिग्रस्त त्वचा द्वारा मांस में बैक्टीरिया का प्रवेश आसानी से ही जाता है एवं वे बहुत जल्दी खराब हो जाती हैं।

संरक्षण तकनीकों का उपयोग: मछली को संरक्षित करने का सबसे आम उसे ठंडा करना है लेकिन यह लम्बे समय के लिए उपयुक्त नहीं होता है। मछली को जमाने से इसकी भण्डारण अवधि बढ़ जाती है लेकिन मांसपेशियों में बर्फ के क्रिस्टल के गठन के कारण मांसपेशी फाइबर व्यापक रूप से टूट जाते हैं और इनकी गुणवत्ता में गिरावट आती है। एंटीबायोटिक के उपयोग से बैक्टीरिया के विकास को रोका जा सकता हैं, लेकिन सार्वजनिक स्वास्थ्य मुद्दों के कारण मछली और मछली उत्पादों के संरक्षण के लिए एंटीबाय़ोटिक का उपयोग आमतौर पर नहीं किया जाता है।

मछली और मत्स्य उत्पादों के गुणवत्ता मूल्यांकन की विधि

खाद्य उत्पादों के विपणन के दौरान गुणवत्ता सबसे महत्त्वपूर्ण पहलू है जो उपभोक्ता की स्वीकार्यता को प्रभावित करता है। इसलिए इन पहलुओं को पहचानने और नियंत्रित करने के लिए गुणवत्ता परिवर्तनों को आंकलन और मापने के कुछ साधन आवश्यक हैं। गुणवत्ता का आकलन संवेदी गुण, भौतिक, रासायनिक और सूक्ष्मजीव विज्ञानी गुणवत्ता के साथ–साथ सांख्यिकीय पद्धति द्वारा किया जा सकता है।

1. **संवेदी विधियाँः** संवेदी विधियाँ मानव इंद्रियों की दृष्टि, गंध, स्वाद, स्पर्श और श्रवण का उपयोग करके मछली और मछली उत्पादों के मूल्यांकन के वैज्ञानिक तरीके को दर्शाती हैं। यह अत्यंत सरल, सस्ते और तेज विधि है। हालांकि यह पद्धति व्यक्तिपरक हो सकते हैं क्योंकि उनकी पसंद और नापसंद के आकलन पर आधारित होते हैं। गंध और स्वाद की इंद्रियां अक्सर संयोजन में उपयोग की जाती हैं। गुणवत्ता निर्धारित करने में इन इंद्रियों की बहुत शक्तिशाली भूमिका है लेकिन उचित प्रशिक्षण और उचित वर्णनकर्ताओं और संरचित स्केलिंग के उपयोग की आवश्यकता होती है।

2. **भौतिक विधियाँः** ऐसे कई उपकरण उपलब्ध हैं जो ठंडी मछलियों के खराब होने की मात्रा को जल्दी और आसानी से मापते हैं। कुछ उपकरण नमी की मात्रा, प्रोटीन और वसा के गुण, पीएच, बनावट और यहां तक कि मछली के विद्युत गुणों को निर्धारित करने में भी प्रभावी होते हैं। त्वचा और अंतर्निहित ऊतक के विद्युत गुणों में परिवर्तन ठंडी मछली में ताजगी को मापने के साधन हैं। मीटर रीडिंग में कमी ताजगी के नुकसान का संकेत देती है।

3. **रासायनिक विधियाँः** मछली की गुणवत्ता के आकलन की रासायनिक विधि उसमें पानी की मात्रा, प्रोटीन वसा, राख सामग्री, नमक, अम्लता और अमोनिया जैसे रासायनिक घटकों के माप पर निर्भर करती है। झींगा की ताजगी निर्धारित करने के लिए एक नई विधि स्थापित की गई है जिसमें पानी और सोडियम हाइड्रोक्साइड के घोल में झींगा रखने पर उत्पादित अमोनिया को मापना शामिल है। मछली के भंडारण के दौरान उत्पादित कई मेटाबोलाइट्स मछली की ताजगी के अच्छे संकेतक हैं। इंडोल उत्पादन उत्पाद में क्षय की मात्रा को इंगित करता है।

   माइक्रो बायोलॉजिकल तरीकेः मछली की माइक्रोबियल जांच का उद्देश्य मछली की स्वच्छ गुणवत्ता का मूल्यांकन करना है, जिसमें तापमान का उतार–चढ़ाव और मछली में रोगजनक सूक्ष्मजीवों की संभावित उपस्थिति शामिल है। वे मानक एसपीसी, कॉलीफॉर्म काउंट, विभिन्न रोगजनकों आदि की माप में शामिल हैं। माइक्रो बायोलॉजिकल तरीके का न्यूनतम उपयोग किया जाना चाहिए क्योंकि वे समय लेने वाले, महंगे हैं और तकनीकी कौशल की आवश्यकता होती है। कई नए रैपिड तरीके विकसित और विपणन किए जा रहे हैं। वे प्रतिरक्षा विज्ञानी प्रतिक्रियाओं (एलिसा, मोनोक्लोनल

एंटीबॉडी) या आनुवंशिक इंजीनियरिंग (पीसीआर, डीएनए–जांच) पर आधारित हैं।

4. **सांख्यिकीय विधियाँ**: सांख्यिकीय विधियों का उपयोग मुख्य रूप से संसाधित नियंत्रण में होती है जिससे नमूने के सही संख्या, आकार और प्रकार को प्राप्त करने में सहायता मिलती है। सांख्यिकीय सिद्धांतों का उपयोग करके नमूने का आकार निर्धारित किया जा सकता है जो नमूने के संख्या और प्रकार को तय करते हैं।

तालिका: मछली और मछली उत्पादों में गुणवत्ता आवश्यकताओं के लिए पीएफए (भारत) मानक

खाद्य श्रेणी	**कुल वोलाटाइल बेस (TVB)**	**हिस्टामिन**
श्रिम्प, झींगा, लॉबस्टर, स्क्विड (ताजा, जमा)	<30 मिग्रा/100ग्रा.	–
श्रिम्प, झींगा, लॉबस्टर (पकाया हुआ, जमा)	25 ग्राम में अनुपस्थित	–
जमाया हुआ फिनफिश, फिश फिलेट, मछली का कीमा	<30 मिग्रा/100 ग्रा.	<20 मिग्रा/100 ग्रा.
केंड फिनफिश, केंड सारडाइन, केंड टूना और बोनिटो	<30 मिग्रा/100 ग्रा.	<20 मिग्रा/100 ग्रा.
केंड सालमोन, केंड श्रिम्प, केंड क्रेब मिट	<30 मिग्रा/100 ग्रा.	–

तालिकाः मछली और मछली और मछली उत्पादों में उपयोग के लिए खाद्य योजकों का पीएफए (भारत) मानक*

खाद्य योजक	फ्रोजन श्रिम्प	फ्रोजन लोब्स्टर	फ्रोजन फिनफिश	फ्रोजन फिश फिलेट
सोडियम/पोटैशियम एस्कोर्बेट या एस्कोर्बिक एसिड के साथ मिश्रण	<1 ग्रा./किग्रा.	<1 ग्रा./किग्रा.	<1 ग्रा./किग्रा.	–
साइट्रिक एसिड	–	–	–	<1 ग्रा./किग्रा.
सोडियम/पोटैशियम/ कैल्शियम पोलिफॉस्फेट	<10 ग्रा./किग्रा.	<10 ग्रा./किग्रा.	–	<10 ग्रा./किग्रा. (सभी फॉस्फेट)
पोटैशियम बाईसल्फेट	<100 मिग्रा./किग्रा (ताजा उत्पाद)			
<30मिग्रा./किग्रा (पकाया उत्पाद)	<100 मिग्रा./किग्रा (ताजा उत्पाद)			
<30मिग्रा./किग्रा (पकाया उत्पाद)	–	–		
पोन्क्कौ 4 आर	<30 मिग्रा./ किग्रा (पकाया उत्पाद)	–	–	–
सोडियम/पोटैशियम/ कैल्शियम एल्जिनेट	–	–	–	<5मिग्रा/किग्रा

* जीएमपी द्वारा अनुरक्षित खाद्य योज्यों के मानक का उल्लेख नहीं किया गया है।

□□□

अध्याय–17

मछली और मत्स्य उत्पादों की पैकेजिंग

पैकेजिंग से उत्पाद को संदूषण से बचाया जा सकता है और इससे उत्पाद को खराब होने से रोकना चाहिए। पैकेजिंग कुछ अन्य विशेषताएं इस प्रकार हैं – (i) इससे उत्पाद के भण्डारण जीवन का विस्तार करना चाहिए, (ii) वितरण और प्रदर्शन की सुविधा प्रदान करना चाहिए, (iii) उत्पाद को उपभोक्ता हेतु अधिक अच्छे तरीके से पेश करना, और अंत में पैक्ड उत्पाद पर जानकारी के प्रदर्शन की सुविधा प्रदान करता है।

मीठे पानी की मछली के लिए पैकेजिंग आवश्यकताएँ

मीठे पानी की मछली की गुणवत्ता जो उपभोक्ता या प्रसंस्करण संयंत्र को जीवित मछली के रूप में दी जाती है, परिवहन के दौरान सही हस्तान्तरण और उपयुक्त पैकेजिंग पर निर्भर करती है। छोटी दूरी के लिए, जीवित मछली को ढक्कन वाले कंटेनरों (क्षमता 300 से 1000 किलोग्राम) में ले जाया जा सकता है। मछली को सामान्य लॉरियों में भी ले जाया जा सकता है, लेकिन लंबी दूरी के लिए कंटेनरों में पानी को पोर्टेबल उपकरणों द्वारा वातित और ठंडा किया जाना चाहिए। परिवहन के दौरान ताजा मछली की अच्छी गुणवत्ता बनाए रखने के लिए उपयुक्त सामग्री से बने बक्से का उपयोग किया जाना चाहिए।

विस्तारित पॉलीस्टायर्न बॉक्सः ये बॉक्स मोल्डेड पॉलीस्टाइन बीड्स से निर्मित होते हैं और इनमें मात्रा के हिसाब से 98% हवा होती है जो उन्हें हल्का बनाता है और उनके इन्सुलेशन में योगदान देता है लेकिन खाली होने पर स्टोर करने के लिए काफी जगह की जरुरत पड़ती है। ढक्कन और बॉक्स एक ही तरीके से निर्मित होते हैं और एक फर्म सील बनाने के लिए इंटरलॉक करने के लिए डिजाइन किए जाते हैं। उनके बहुत अच्छे इन्सुलेशन गुण हैं, लेकिन अपेक्षाकृत कम मजबूत होते हैं।

सॉलिड फाइबर बोर्ड बॉक्सः ये बॉक्स एक पानी प्रतिरोधी बोर्ड से बने होते हैं, जो कम घनत्व वाली पॉलीथीन फिल्म के साथ पंक्तिबद्ध होते हैं। वे आमतौर पर पानी प्रतिरोधी गोंद से चिपके हुए होते हैं। कुल सामग्री का 85% पुनर्नवीनीकरण

फाइबर होता है। फाइबर–बोर्ड बॉक्स में अच्छी मजबूती होती है लेकिन इन्सुलेशन कम होता है। खाली बक्से के भंडारण और परिवहन के दौरान जगह कम करने के लिए पूरी तरह से फोल्ड फ्लैट बॉक्स के रूप में उपलब्ध हैं।

लहरदार फाइबर बोर्ड बक्से: ये बक्से ठोस फाइबर बोर्ड बक्से के समान तरीके से निर्मित होते हैं लेकिन लेपित ठोस फाइबर बोर्ड की पतली परतों के बीच सैंडविच लहरदार फाइबर बोर्ड शीट से बने होते हैं। इनमें बहुत अच्छी मजबूती होती है लेकिन इन्सुलेशन कम होता है। एक नया संस्करण जिसमें नाली के छेद के बिना एक लेपित लहरदार बॉक्स शामिल है और पिघले पानी को अवशोषित करने के लिए बॉक्स की सतह में पैड उपलब्ध होता है। भंडारण और वितरण लागत को कम करने के लिए इन्हें फ्लैट पैक के रूप में परिवहन किया जा सकता है और एक सीलबंद बॉक्स बनाने के लिए पैकिंग से पहले खड़ा किया जाता है।

लहरदार प्लास्टिक के बक्से: इन बक्से को एक्सट्रूडेड लहरदार प्लास्टिक (पॉलीप्रोपाइलीन) शीट से बनाया जाता है, जिसमें लगभग 3 मिमी की कुल मोटाई देने के लिए एक केंद्रीय लहरदार परत के ऊपर पतली परत होती है। चादरों को वांछित आकार में काट दिया जाता है और गुना रेखाएं बनाई जाती हैं। बक्से में खराब इन्सुलेशन और ताकत है लेकिन एक बेहतर प्रकार अब उपलब्ध है। एक नई प्रक्रिया द्वारा निर्मित नए प्रकार के शीट की कुल मोटाई लगभग 7 मिमी है और नालीदार किनारों को सील कर दिया जाता है।

वापसी–योग्य प्लास्टिक के बक्से: ये कंटेनर पुनः उपयोग योग्य प्लास्टिक (उच्च घनत्व पॉलीथीन) से बने होते हैं जिन्हें भंडारण या परिवहन के दौरान फ्लैट किया जा सकता है लेकिन जब इकट्ठे होते हैं तो एक कठोर कंटेनर बनाते हैं। वे बर्फ के साथ 5, 10 और 25 किलो मछली ले जाने के लिए आकारों में उपलब्ध हैं और उन्हें 50 बार या उससे अधिक बार पुनः उपयोग किया जा सकता है। वापसी योग्य बॉक्स सिस्टम पहले से ही महाद्वीप पर काम कर रहे हैं। बॉक्स की प्रारंभिक लागत अधिक होती है और एक संग्रह और सफाई प्रणाली की आवश्यकता होती है।

थोक संशोधित वातावरण पैकेजिंग: थर्मोफॉर्मेड प्लास्टिक पाउच में मछली को पैक कर उसमें गैसों के निश्चित मिश्रण (आमतौर पर नाइट्रोजन, ऑक्सीजन और कार्बन डाइऑक्साइड गैस) को भरकर सील कर दिए जाते हैं। मछली का ड्रिप सोखने के लिए एक शोषक पैड भी रखा जाता है। इस तरह से पैक किए गए मछली को वापसी योग्य ट्रे पर रखा जा सकता है, जो पैक में ठंडी

हवा के मुक्त संचलन हेतु छिद्रयुक्त होते हैं। कई फिश प्रोसेसर अब इस प्रणाली का उपयोग करते हुए खुदरा विक्रेताओं को ताजा मछली की आपूर्ति करते हैं। इस प्रकार के पैकेज से कोई ड्रिप नहीं होता है, इसलिए यह आधुनिक हैंडलिंग और वितरण प्रणालियों के साथ एकीकृत होता है लेकिन पैक में इन्सुलेशन गुण कम होते हैं और इसलिए सटीक नियंत्रित रेफ्रिजेरेटेड वितरण की आवश्यकता होती है। इन्हें कई खुदरा विक्रेताओं की एकीकृत वितरण प्रणाली की मांगों को पूरा करने के लिए विकसित किया गया है। आमतौर पर मछली और बर्फ को या तो सीधे एक सीलबंद नॉन–रिटर्नेबल बॉक्स में एक शोषक पैड पर रखा जाता है, या एक शोषक पैड के ऊपर एक नालीदार प्लास्टिक प्लेटफॉर्म पर रखा जाता है, जिसे बाद में एक पॉलिथीन बैग में सील कर दिया जाता है जिसे पुनः एक सीलबंद गैर– वापसी योग्य बॉक्स पैक एवं सिल कर दिया जाता है।

समुद्री खाद्य उत्पादों की पैकेजिंग

सामान्यतः समुद्री खाद्य उत्पादों और मछली उद्योग में दो अलग–अलग प्रकार की पैकेजिंग का उपयोग किया जाता है– परिवहन पैकेजिंग और खुदरा पैकेजिंग। परिवहन पैकेजिंग उत्पाद को एक संरक्षित वातावरण में एक क्षेत्र से दूसरे क्षेत्र में ले जाने में सहायक होता है, जबकि खुदरा पैकेजिंग न केवल उत्पाद की सुरक्षा का कार्य करता है, बल्कि बिक्री बिंदु पर उपभोक्ता को आकर्षित करने का भी कार्य करता है। कई मामलों में खुदरा पैकेज को बिक्री के बिंदु पर पहुंचने से पहले परिवहन पैकेज में रखा जाता है, जहां इसे हटाकर प्रदर्शित किया जाता है।

विभिन्न समुद्री खाद्य उत्पादों की पैकेजिंग

पके हुए और ब्रेडेड सीफूड उत्पादः निर्यात और आंतरिक बाजारों दोनों के लिए झींगा, स्क्विड, कटल फिश, मछली की कुछ प्रजातियों और कम कीमत वाली मछली से कई मूल्य–संवर्धित समुद्री उत्पाद तैयार किए जाते हैं। मूल्य संवर्धित उत्पादों के जमे हुए भंडारण के दौरान होने वाले परिवर्तनों में सूखापन, रंग में परिवर्तन और बासीपन शामिल है। पारंपरिक पैकेजिंग सामग्री, जैसे लचीली प्लास्टिक की फिल्में अकेले इन उत्पादों के लिए उपयुक्त नहीं है, क्योंकि वे उत्पादों को बहुत कम यांत्रिक सुरक्षा प्रदान करती हैं और परिणामस्वरूप उत्पाद हैंडलिंग और परिवहन के दौरान क्षतिग्रस्त या टूट जाते हैं। इसलिए आमतौर पर थर्मोफॉर्मेड कंटेनरों का उपयोग किया जाता है, जैसे पॉलीविनाइल क्लोराइड (पीवीसी), उच्च प्रभाव पॉलीस्टाइनिन (एचआईपीएस) और एचडीपीई, जो जमे हुए भंडारण के कम

तापमान से अप्रभावित रहते हैं और सुरक्षा प्रदान करते हैं और लंबे समय तक भंडारण के दौरान उत्पाद के सुखने और ऑक्सीकरण से सुरक्षा प्रदान करते हैं।

जमे हुए उत्पादः फ्रोजन झींगा भारत से निर्यात होने वाला सबसे महत्वपूर्ण समुद्री उत्पाद है। परंपरागत रूप से झींगा को कम घनत्व वाले पॉलीथीन (एलडीपीई) की परत वाले डुप्लेक्स बोर्ड कार्टन में 2 किलो ब्लॉक के रूप में जमाया जाता है और ऐसे 10 कार्टन को 5 या 7 प्लाई नालीदार फाइबर बोर्ड बॉक्स से बने मास्टर कार्टन में पैक किए जाते हैं। व्यक्तिगत त्वरित जमे हुए (आईक्यूएफ) झींगा का अब आयात करने वाले देशों की बड़ी मांग है। आईक्यूएफ झींगा प्लास्टिक फिल्म पाउच में पैक किया जाता है। अन्य प्रमुख आईक्यूएफ उत्पादों में पका हुआ लॉबस्टर, लॉबस्टर टेल, लॉबस्टर मीट, कटल फिश फिलेट्स, उबला हुआ क्लैम मीट और सफेद लीन फिश से प्राप्त फिश फिलेट शामिल हैं।

सूखे मत्स्य उत्पादः भारत में मछली पकड़ने का पांचवां हिस्सा आंतरिक खपत के लिए नमक लगाकर सुखाया जाता है। नारियल लट या पल्मीरा के पत्तों से तैयार टोकरी का कंटेनर के रूप में इस्तेमाल होता है जिनका उपयोग निर्यात और आंतरिक वितरण दोनों के लिए किया जाता है। निर्यात के लिए लंबी दूरी परिवहन हेतु इन कंटेनर के ऊपर सुदृढ़ीकरण हेतु जूट के कपड़े की परत चढ़ाई जाती है। हालांकि इन पैकेजों में कीड़ों, चूहों और अन्य कीटों के आसानी से प्रवेश की संभावना होती है। चूंकि उत्पाद आर्द्रता में परिवर्तन के प्रति अत्यधिक संवेदनशील है, इसलिए पैकेजिंग को पर्याप्त रूप से जलवाष्प के प्रभाव से बचाना चाहिए।

सूखी मछली हेतु उपभोक्ता पैक के लिए इस्तेमाल की जाने वाली पैकेजिंग सामग्री एलडीपीई या पॉलीप्रोपाइलीन (पीपी) हैं। ये सामग्री सस्ते, आसानी से उपलब्ध हैं और इनमें अच्छी ताकत होती है। इसके कई नुकसान भी हैं, जैसे उच्च जलवाष्प और गैस संचरण दर, छिद्र होने की संभावना या और गंध की समस्या जिससे उत्पाद की क्षति होने की संभावना रहती है, और इसलिए भण्डारण क्षमता भी सीमित होती है। हाल में पॉलीइथाइलीन टेरेफ्थेलेट (पीईटी) एलडीपीई लैमिनेट पाउच का उपयोग होने लगा है।

कैंड मछलीः भारत में सल्फर प्रतिरोधी लाह के साथ टिनप्लेट के डिब्बे मछली और शंख के लिए पारंपरिक कंटेनर हैं। हालांकि, आयातित टिनप्लेट की उच्च लागत भारत से डिब्बाबंद मछली निर्यात के पतन के कारणों में से एक थी। एल्यूमीनियम कंटेनर डिब्बाबंद मछली, जैसे खाद्य–आधारित उत्पादों की पैकेजिंग

आवश्यकताओं को पूरा करने के लिए जबरदस्त अवसर प्रदान करते हैं। गर्मी प्रसंस्करण द्वारा मछली और मछली आधारित उत्पादों के लिए स्वदेशी रूप से विकसित एल्यूमीनियम कैन काफी अच्छा पाया गया है। पुल–टैब पॉलीमर–कोटेड टिन–फ्री स्टील के डिब्बे का निर्माण भारत में होने लगा हैं और प्रसंस्करण इकाइयों द्वारा इसको आंतरिक और निर्यात बाजारों के लिए उपयोग होने लगा है।

फ्रीज–ड्राइड उत्पादः मछली उत्पाद के संरक्षण में फ्रीज सुखाने की विधि का अनुप्रयोग एक आधुनिक विकास है। उच्च उत्पादन लागत के बावजूद, उत्पादों से जुड़े कई लाभों के कारण यह प्रक्रिया बहुत लोकप्रिय हो रही है। इन उत्पादों को सामान्यतया हवा और ऑक्सीजन की अनुपस्थिति में एक अक्रिय गैस का उपयोग कर पैक किए जाते हैं। इसलिए पैकेजिंग सामग्री को मुख्य रूप से हवा और नमी के लिए अवरोधक होना चाहिए, इसके साथ इसमें मजबूती भी जरूरी है। कागज एल्यूमीनियम पन्नी एलडीपीई लैमिनेट्स या धातुयुक्त पीईटी एलडीपीई लैमिनेट्स पाउच का उपयोग फ्रीज–ड्राइड उत्पादों के पैकिंग लिए किए जाते हैं।

फिश करीः फिश करी एक प्रसंस्कृत उत्पाद है जिसे 'रेडी–टू–सर्व' स्टाइल में प्रस्तुत किया जाता है। इसे फ्रीजिंग और हीट प्रोसेसिंग दोनों द्वारा संरक्षित किया जा सकता है। जब पारंपरिक टिनप्लेट या एल्यूमीनियम के डिब्बे में फिश करी का प्रसंस्करण किया जाता है तो उसमें धातु के स्वाद और रंग बदलने की समस्या आ जाती है। पारंपरिक लचीली फिल्में इस उत्पाद के लिए उपयुक्त पैकेजिंग नहीं हैं क्योंकि वे कम यांत्रिक सुरक्षा प्रदान करती हैं और गर्मी के प्रति संवेदनशील होती हैं। एचआईपीएस या पीवीसी से बने थर्मोफॉर्मेड ट्रे फ्रोजन फिश करी को पैक करने के लिए आदर्श हैं। थर्मली प्रोसेस्ड फिश करी उत्पादों को पीईटी एल्यूमीनियम फॉयल कास्ट पीपी रीटोर्टेबल पाउच में पैक किया जाता है।

मछली सूप पाउडरः मछली सूप पाउडर एक विशेष उत्पाद है जिसमें आंशिक रूप से हाइड्रोलाइज्ड मछली, प्रोटीन, कार्बोहाइड्रेट, वसा और नमक सहित कई सामग्री होते हैं। ऐसे उत्पादों के लिए एक उपयुक्त पैकेज 12 माइक्रोन पीईटी एलडीपीई–एचडीपीई कोएक्सट्रूडेड फिल्म या 90–100 माइक्रोन एलडीपीईएल एलडीपीई नायलॉन एल एलडीपीई प्राइमकोर (एथिलीन–ऐक्रेलिक एसिड को–पॉलीमर) मल्टीलेयर फिल्म, जो 180 दिनों तक उत्पाद का सुरक्षित भंडारण सुनिश्चित करती है।

मछली का सूखा अचार: हालांकि एंकोवी (कोवाला कोवल) जैसी मछलियों को आमतौर पर सुखाकर बेचा जाता है लेकिन इनका उपयोग सूखे अचार में प्रसंस्करण के लिए कच्चे माल के रूप में किया जा सकता है और एक मूल्य संवर्धित उत्पाद बनाया जा सकता है। इसकी पैकेजिंग सामग्री के लिए नायलॉन सुरलिन या एलडीपीई एल एलडीपीई नायलॉन एल एलडीपीई प्राइमकोर का उपयोग किया जा सकता है जो उत्पाद को सामान्य तापमान पर 14 महीने तक सुरक्षित भंडारण करती है।

काइटिन/चिटोसन: झींगा प्रसंस्करण के दौरान जो कचरा उत्पन्न होता है, उसे सही तरीके से डिस्पोज करना एक कठिन समस्या थी परन्तु इसका उपयोग काइटिन/चिटोसन बनाने में होने से अब यह कार्य आसान हो गया है। काइटिन और चिटोसन निर्यात की जाने वाली वस्तुएं हैं और उपयुक्त पैकेजिंग से उत्पाद को नमी, माइक्रोबियल और कीट के हमलों से भी बचाया जाना चाहिए। उद्योग द्वारा व्यापक रूप से उपयोग की जा रही पैकेजिंग में 100 गेज एलडीपीई लाइन के साथ एचडीपीई लेमिनेट बैग शामिल है।

□□□

अध्याय–18

मछली उद्योग के सह–उत्पाद

मछली उद्योग के उप–उत्पादों में मछली प्रसंस्करण इकाइयों से कम मूल्यवान मछली और/या अपशिष्ट उत्पाद शामिल हैं जिन्हें आमतौर पर मानव उपभोग के लिए उपयोग नहीं किया जा सकता है। इनमे फिश मील, हाइड्रोलाइज्ड मछली उत्पादों, मछली प्रोटीन (समुद्री मांस), घुलनशील उत्पाद, इन्सग्लास, मोती सार, मोती, काईटिन इत्यादि शामिल हैं। कुछ महत्वपूर्ण मछली उद्योग उप–उत्पादों के स्रोत, तैयारी और उपयोग इस प्रकार हैं–

फिश मील

मछली की कुछ प्रजातियाँ, जैसे मेन हैडेन, एंकोवी, हेरिंग, पीलकार्डय ग्राउंड फिश प्रसंस्करण से अपशिष्ट उत्पाद, जैसे हैडॉक, कॉड, फ्लाउंडर, व्हाइटिंग और अन्य और केकड़े, झींगा और अन्य उच्च मूल्य प्रजातियों प्रसंस्करण से प्राप्त अपशिष्ट का उपयोग फिश मील, मछली घुलनशील उत्पाद और मछली के तेल के उत्पादन के लिए किया जाता है। इस उप–उत्पादों के प्रसंस्करण हेतु इन्हें 24–48 घंटों के भीतर एकत्र करने की आवश्यकता होती है, अन्यथा बहुत जल्दी खराब हो जाते हैं। कच्चे माल के खराब होने वाले परिवर्तनों को रोकने के लिए उन्हें कुचल बर्फ या ठंडे समुद्र के पानी से ठंडा किया जा सकता है। सोडियम नाइट्राइट और यहां तक कि 0.1 प्रतिशत फॉर्मल्डिहाइड जैसे रसायनों का उपयोग किया जा सकता है, लेकिन ये सभी प्रक्रियाओं में अतिरिक्त प्रयास, मौद्रिक नुकसान और तैयार उत्पादों के पोषक मूल्य को कम करते हैं। भंडारण से मछली को निरंतर कुकर में ले जाया जाता है और 20 मिनट के लिए लगभग 95 से 100 डिग्री सेल्सियस तक गरम किया जाता है। फिश मील के उत्पादन में पकाना महत्वपूर्ण प्रक्रिया है क्योंकि इससे प्रोटीन में जमावट होती है एवं जटिल कोशिकाओं की दीवारें टूट जाती हैं। कोशिका की दीवार टूटने से इनमें उपस्थित तेल और पानी बाहर आते हैं, एवं इस प्रक्रिया में मछली के कुल वजन का 60 प्रतिशत या अधिक तरल के रूप में प्राप्त होता है। पका हुआ द्रव्यमान को एक छलनी से गुजारने के बाद दबाया जाता है जिसमें प्रेस केक निकलता है, जिसमें लगभग 50–55 प्रतिशत नमी और 3 से 4 प्रतिशत तेल होता है। प्राप्त तरल में लगभग 16 प्रतिशत तेल, 78 प्रतिशत पानी और 6 प्रतिशत ठोस होता है।

प्रेस केक की नमी को कम करने के लिए ड्रायर में लाया जाता है। डायरेक्ट ड्रायर में खुली लौ द्वारा गर्म की गई हवा को ड्रायर के माध्यम से समानांतर दिशा में उड़ाया जाता है। इनलेट और आउटलेट तापमान क्रमशः 600 डिग्री सेल्सियस (अधिकतम) और 80–100 डिग्री सेल्सियस तक बनाए रखा जाता है। 15–20 मिनट सुखाने के बाद फिश मील में नमी की मात्रा लगभग 9 से 10 प्रतिशत तक होती है। अप्रत्यक्ष सुखाने की प्रणाली में एक डबल जैकेट वाले क्षैतिज बेलनाकार ड्रायर का उपयोग किया जाता है जहां भाप को दीवार के बीच में इंजेक्ट किया जाता है ताकि भाप के सीधे संपर्क के बिना प्रेस केक गर्म हो जाए। सुखाने की मशीन के अंदर एक घूमने वाले स्क्रैपर का उपयोग किया जाता है ताकि फिश मिल्क साइड की दीवार पर न चिपक सके। इसके अलावा, स्क्रैपर की घूर्णन गति को बढ़ाकर या घटाकर सुखाने के समय को नियंत्रित किया जा सकता है।

तेल–पानी के मिश्रण से छोटे ठोस को हटाने के लिए इसे एक डिस्लगर से गुजरा जाता है और प्राप्त ठोस को प्रेस केक के साथ सुखाने के लिए ड्रायर में वापस कर दिया जाता है और तेल को सेंट्रीफ्यूजेशन के कई चरणों द्वारा साफ किया जाता है। डिस्लगर से प्राप्त पानी को आमतौर पर स्टिक वॉटर के रूप में जाना जाता है, इसमें मछली के ठोस पदार्थ (5.6 प्रतिशत), पानी (94 प्रतिशत) और बहुत कम मात्रा में तेल (0.4 प्रतिशत) होता है। एक वाष्पीकरणकर्ता मशीन द्वारा स्टिक वाटर को सुखाकर ठोस की मात्रा 30 से 50 प्रतिशत के बीच किया जाता हैं। फिश मील सुखाने के बाद उन्हें पैकिंग कर भंडारण किया जाता है।

फिश मील का प्राथमिक उपयोग पशु आहार के लिए होता है, विशेष रूप से मुर्गीपालन और सूअर के चारे के लिए। फिश मील का उपयोग पालतू जानवरों, विशेष रूप से बिल्ली के भोजन और मिंक और मछली के लिए राशन में भी किया जाता है। सॉल्वेंट एक्सट्रैक्शन के बाद फिश मील का उपयोग युवा बछड़ों के लिए दूध के विकल्प के रूप में भी किया जाता है। जलीय उत्पादन में भी फिश मील महत्वपूर्ण है।

मछली के तेल का उपयोग मार्गरीन, और खाना पकाने के तेलों के लिए किया जाता है। इसका उपयोग कुछ सौंदर्य प्रसाधन, पेंट और औद्योगिक कोटिंग्स और स्नेहक में किया जाता है। हाइड्रोजनीकृत मछली के तेल का उपयोग स्टीयरिक एसिड, ग्लिसरीन, साबुन और मोमबत्तियों के निर्माण के लिए कच्चे माल के रूप में किया जाता है। मछली का तेल अक्सर चमड़े में लगाया जाता है। ताजे बने जूतों की गंध आमतौर पर टैनिंग में इस्तेमाल होने वाले मछली के तेल से आती है।

मछली के तेल से प्राप्त यौगिक का उपयोग यूरेथेन और एपॉक्सी कोटिंग्स के निर्माण में भी किया जाता है।

मछली के तेल में असंतृप्त वसा अधिक होती है और लंबे समय से यह माना जाता है कि यह रक्त कोलेस्ट्रॉल के स्तर को कम करता है। मछली के तेल का आहार में सेवन से प्रोस्टाग्लैंडीन का उत्पादन होता है। मछली के जिगर के तेल को व्यापक रूप से विटामिन ए और डी की खुराक के रूप में उपयोग किया जाता है।

समुद्री बीफ

समुद्री बीफ को लोकप्रिय रूप से सांद्रित मछली प्रोटीन के रूप में भी जाना जाता है। मछली सामग्री, जो खराब संरक्षण या भंडारण की स्थिति के कारण बर्बाद हो जाती हैं, उन्हें मूल्यवर्धित उत्पादों जैसे सांद्रित मछली प्रोटीन (एफपीसी), सुरीमी, कोमाबोको (जापान) आदि में परिवर्तित किया जा सकता है। एफपीसी तैयार करने में दो प्रविधियों का इस्तेमाल होता है– पानी को हटाना और फिर प्रोटीन को जमाना। पिसी हुई मछली को भी वसा हटाने के लिए गर्म किया जाता है और फिर सुखाकर पाउडर में बदल दिया जाता है। एफपीसी तैयार करने के लिए निम्नलिखित प्रवाह–चित्र में वर्णित प्रक्रिया का पालन किया जा सकता है।

चित्रः कम वसा वाली मछली से समुद्री बीफ का उत्पादन (अलास्का पोलक और ब्लू व्हाइटिंग)

मछली को इकट्ठा करना

↓

मांस को अलग करना

↓

साफ करना एवं छनना

↓

मछली मांस का कीमा बनाना (हाथ/उपकरण से)

↓

गंदगी, रक्त और अन्य पानी में घुलनशील घटकों को हटाने के लिए कीमा को धोना

↓

सेंट्रीफ्यूगेशन द्वारा या दबाकर पानी निकालना

↓

0.5–1.0% नमक डालें और महीन पेस्ट बनाएं (पीएच 7.4.–7.8)

↓

पेस्ट को एक एक्सट्रूडर से गुजारा जाता है और 3 गुना मात्रा में ठंडा (5–10 डिग्री सेल्सियस)

इथेनॉल मिलाकर 15 मिनट तक मिक्स करें

↓

मीट प्रोटीन का जमना

↓

स्पेगेटी स्ट्रैंड्स के रूप में बहार निकलना

↓

इथेनॉल को सेंट्रीफ्यूगेशन विधि द्वारा हटाना

↓

इथेनॉल की तीन मात्रा के साथ मिलाएं और 15 मिनट के लिए रखें

↓

सेंट्रीफ्यूगेशन द्वारा फिर से पानी निकालें

↓

अवशेषों को गर्म हवा (30–45 डिग्री सेल्सियस) में तब तक सुखाएं जब तक नमी की मात्रा 10% से कम न हो जाए

↓

नमी अभेद्य बैग में पैक करें – लेमिनेट (फिल्म/पन्नी/फल्म)

सार्डिन और मैकेरल जैसी उच्च वसा वाली मछली के लिए मछली कीमा को 0.4 प्रतिशत सोडियम बाईकार्बोनेट घोल से उपचारित किया जाता है। इसे गर्म एथेनॉल से भी धोया जाता है। समुद्री बीफ 15 मिनट से 2 घंटे तक पानी में रखने से 5 गुना तक सूज जाता है और इसमें नमी की मात्रा 75 से 77 प्रतिशत तक हो जाती है।

उत्पादन के सिद्धांत

i) मांस कीमा में 1–2 प्रतिशत नमक मिलाने से एक्टोमीसिन थोड़ा घुलनशील हो जाता है, परन्तु कमाबोको में 3 प्रतिशत नमक डालने से प्रोटीन पूरी तरह से घुलनशील हो जाते हैं और महीन पाउडर बनाता है। लेकिन उत्पाद रेशों वाले मांस की तरह हो जाता है।

ii) इथेनॉल वसा को हटाने में मदद करता है और प्रोटीन को जमाता है जो कीमा से पानी निकालने में मदद करता है।

i) पीएच 7.4 से 7.8 पर समायोजित करने से पुनर्जलीकरण में मदद करता है। 7.8 से ऊपर का pH साबुन जैसा स्वाद देता है।

समुद्री बीफ की भौतिक और रासायनिक विशेषताएं

i) कण आकार– व्यास–1–2 मिमी और लंबाई–2–4 मिमी, एक्सट्रूडर पर निर्भर करता है

	कम वसा वाली मछली	वसा–युक्त मछली
ii) नमी की मात्रा	8.0%	9.5%
iii) प्रोटीन	91.8%	89.2%
iv) कार्बोहाइड्रेट	0	0
v) वसा	0	बहुत कम
vi) ऊर्जा (कैलोरी / 100 ग्रा)	392	381
vii) खनिज	3.0%	3.5%

अभ्रक

अभ्रक या स्विमिंग ब्लैडर एक कोलेजन है, जो गर्म करने पर जिलेटिन बन जाता है। तैरने वाले मूत्राशय को विभिन्न प्रकार की मछलियों, जैसे कैटफिश, हेक, कॉड, कार्प आदि से हटा दिया जाता है, रक्त और संलग्न मलबे को हटाने के लिए धोया जाता है, और नमकीन द्वारा संरक्षित किया जाता है। प्रसंस्करण से पहले मूत्राशय को 4–6 घंटे के लिए पानी में भिगोया जाता है ताकि वे नरम और लचीला हो जाएं। फिर मूत्राशय को छोटे–छोटे टुकड़ों में काट दिया जाता है और खोखले लोहे के रोलर्स के बीच घुमाया जाता है और संपीड़ित किया जाता है जो पानी से ठंडा होता है। उन्हें पतली चादरों या रिबन में घुमाया जाता है और सुखाया जाता है। अभ्रक एक मछली से प्राप्त बहुत ही शुद्ध जिलेटिन है। भारत में इसका उपयोग वाइन निर्माण में स्पष्टीकरण एजेंट के रूप में, स्याही आदि के निर्माण में किया जाता है।

मोती सार

पर्ल एसेंस मछली के स्केल से प्राप्त ग्वानिन क्रिस्टल का एक घोल है। रिबन मछली, हेरिंग, सैल्मन और कई अन्य मछली प्रजातियों के स्केल मोती सार निर्माण के लिए संतोषजनक कच्चे माल हैं। एक विलायक में ग्वानिन क्रिस्टल के रूप में बेचा जाने वाला मोती सार, मोती, राख ट्रे, वैनिटी केस, और छाता हैंडल जैसे विभिन्न प्रकार के उत्पादों के लिए मोती जैसी चमक प्रदान करने के लिए उपयोग किया जाता है। इसे तैयार करने के लिए स्केल को गैसोलीन में भिगोया जाता है,

जो मोती सार को प्रोटीन और पानी से अलग करता है। जैसे ही मोती सार गैसोलीन की सतह पर तैरता है, इसे हटा दिया जाता है और ग्वानिन क्रिस्टल प्राप्त करने के लिए फिल्टर किया जाता है। प्रोटीज पाचन की प्रक्रिया से भी इसे प्राप्त किया जा सकता है जो स्केल के अवांछित हिस्सों को हटा देता है, और बेंजोल या ईथर में मोती सार को सतह पर तैरने लगते हैं जिसे हटा दिया जाता है और फिल्टर किया जाता है।

मोती

मोती शायद सीप के सबसे प्रसिद्ध उपोत्पाद हैं। सीप शरीर में या शरीर और खोल के बीच में निहित एक अड़चन से खुद को बचाने के साधन के रूप में मोती का उत्पादन करता है। आज असली (प्राकृतिक) और कल्चर्ड दोनों तरह के मोती मौजूद हैं और उनके बीच कोई रासायनिक या संरचनात्मक अंतर नहीं है। कल्चर्ड मोती बनाने के लिए सीप के इपीथेलियम में शल्य चिकित्सा द्वारा खोल के छोटे टुकड़े को डाला जाता है। इसके बाद सीप के अंदर इस छोटे टुकरे को नैक्रे की परतों से घेर लेते हैं, जिससे मोती बनते हैं। नैक्रे की परतों की संख्या जितनी अधिक होगी और मोती का आकार जितना अधिक होगा, उसका मूल्य उतना ही अधिक होगा।

काइटिन

काइटिन या इसके व्युत्पन्न चिटोसन एक ऐसा उत्पाद है जिसे केकड़े या झींगा के कचरे से बनाया सकता है। केकड़ा प्रसंस्करण के दौरान प्रसंस्करण इकाई में लाए गए प्रत्येक 100 किलोग्राम जीवित केकड़े से 80 किलोग्राम ठोस अपशिष्ट प्राप्त होता है। केकड़े के अपशिष्ट पदार्थ में अत्यधिक मात्रा में प्रोटीन, काइटिन और कैल्शियम कार्बोनेट के साथ–साथ कई अन्य खनिज होते हैं। काईटिन एक पॉलीसेकेराइड है जिसके कई उपयोग हैं, जैसे अपशिष्ट जल के लिए एक फ्लोक्यूलेटिंग एजेंट, घाव भरने में मददगार, खाद्य पदार्थों और फार्मास्यूटिकल्स के लिए एक स्टेबलाइजर इत्यादि। आमतौर पर क्षार–अम्ल निष्कर्षण विधि से काइटिन प्राप्त किया जाता है। इस विधि में ठोस को पहले सोडियम हाइड्रॉक्साइड के घोल से उपचारित किया जाता है, धोया जाता है, फिल्टर किया जाता है और फिर अंत में हाइड्रोक्लोरिक एसिड से उपचारित किया जाता है। अंत में छानने के बाद, ठोस पदार्थों को सुखाया जाता है और पीस दिया जाता है।

हाइड्रोलाइज्ड मछली उत्पाद

हाइड्रोलाइज्ड मछली उत्पादों के उत्पादन हेतु मछली की कीमा को पानी और प्रोटीयोलाइटिक एंजाइमों के साथ मिलाया जाता है। आमतौर पर वनस्पति स्रोतों (पपैन, फिकिन) या पशु स्रोतों (पैनक्रिएटिन, ट्रिप्सिन) से प्राप्त एंजाइम को मिश्रण में मिलाया जाता है। एंजाइम मछली के मांस प्रोटीन को तोड़ देता है। इसलिए एंजाइम स्तर और पीएच, तापमान और अन्य कारकों के नियंत्रण से मछली के प्रोटीन हाइड्रोलिसिस की दर को नियंत्रित किया जा सकता है। हाइड्रोलिसिस प्रक्रिया द्वारा उत्पादित प्रोटीन में फिश मील, सांद्रित प्रोटीन या साइलेज विधि द्वारा प्राप्त उत्पाद की तुलना में बेहतर कार्यात्मक गुण होते हैं, जैसे कि फैलाव, पानी में घुलनशीलता, और/या पायसीकारी। हाइड्रोलिसिस के बाद घुलनशील अंश को लगभग 50 प्रतिशत नमी तक वैक्यूम ड्रायर में सुखाया जाता है और अंत में लगभग 4 प्रतिशत तक स्प्रे ड्राइंग द्वारा सुखाया जाता है। इस तरह से उत्पादित मछली हाइड्रोलाइजेट में 75–80 प्रतिशत घुलनशीलता के साथ 70–90 प्रतिशत तक कूल प्रोटीन हो सकता है। नमी की मात्रा आमतौर पर 8 प्रतिशत से कम होती है, जबकि वसा की मात्रा 23 प्रतिशत तक हो सकती है।

प्रोटीन हाइड्रोलाइजेट का प्राथमिक उपयोग पशु आहार में दुग्ध प्रतिकारक के रूप में होता है। हालांकि, 60 प्रतिशत से अधिक दूध प्रोटीन के प्रतिस्थापन पर मांस का रंग लाल हो जाता है, जो एक अवांछनीय रंग है। मछली प्रोटीन हाइड्रोलाइजेट का रंग हल्का भूरा होता है और इसमें गंध की समस्या होती है।

□□□